Kompass für Künstler

Alina Gause

# Kompass für Künstler

## Ein persönlicher Wegbegleiter für Kreative

Alina Gause
a.way – the artists' way of life
Berlin, Deutschland

ISBN 978-3-662-50400-0    ISBN 978-3-662-50401-7  (eBook)
DOI 10.1007/978-3-662-50401-7

Die Deutsche Nationalbibliothek verzeichnet diese Publikation in der Deutschen Nationalbibliografie; detaillierte bibliografische Daten sind im Internet über http://dnb.d-nb.de abrufbar.

© Springer-Verlag GmbH Deutschland 2017
Das Werk einschließlich aller seiner Teile ist urheberrechtlich geschützt. Jede Verwertung, die nicht ausdrücklich vom Urheberrechtsgesetz zugelassen ist, bedarf der vorherigen Zustimmung des Verlags. Das gilt insbesondere für Vervielfältigungen, Bearbeitungen, Übersetzungen, Mikroverfilmungen und die Einspeicherung und Verarbeitung in elektronischen Systemen.
Die Wiedergabe von Gebrauchsnamen, Handelsnamen, Warenbezeichnungen usw. in diesem Werk berechtigt auch ohne besondere Kennzeichnung nicht zu der Annahme, dass solche Namen im Sinne der Warenzeichen- und Markenschutz-Gesetzgebung als frei zu betrachten wären und daher von jedermann benutzt werden dürften.
Der Verlag, die Autoren und die Herausgeber gehen davon aus, dass die Angaben und Informationen in diesem Werk zum Zeitpunkt der Veröffentlichung vollständig und korrekt sind. Weder der Verlag noch die Autoren oder die Herausgeber übernehmen, ausdrücklich oder implizit, Gewähr für den Inhalt des Werkes, etwaige Fehler oder Äußerungen.

Umschlaggestaltung: deblik Berlin
Einbandabbildung: © Juhku/Fotolia

Gedruckt auf säurefreiem und chlorfrei gebleichtem Papier

Springer ist Teil von Springer Nature
Die eingetragene Gesellschaft ist Springer-Verlag GmbH Germany
Die Anschrift der Gesellschaft ist: Heidelberger Platz 3, 14197 Berlin, Germany

*Es ist die Kombination aus Unsicherheit und
Selbstbewusstsein, denke ich, die jemanden zu etwas
Besonderem macht.*
Barbra Streisand

# Vorwort

Die Welt hat sich verändert. Was früher als sicher betrachtet wurde, wird heute misstrauisch beäugt: Sei es die Rente, die Banklehre oder die Ehe, man kann sich auf nichts mehr verlassen. Und es gibt nur eine Gruppierung, die man darüber nicht jammern hört: Kreative. Leiden? Ja. Jammern? Nein. Dazu sind Kreative seit jeher zu beschäftigt damit, ihr Lebensglück selbst in die Hand zu nehmen. Und das Schöne ist: Sie wissen auch wie. Es ist ihnen nur nicht immer bewusst. Weil zum einen die äußeren Belastungen dominieren und zum anderen in der Öffentlichkeit nach wie vor ein gegensätzliches Bild gepflegt wird. Es wird Zeit, dass dieses Bild in Bewegung gerät, denn Kreativität gilt zu Recht als eine Schlüsselkompetenz unserer Zeit.

Kreative tragen ein unbezahlbares Pfand in sich, das es zu schützen und zu fördern gilt. Leider begegnet ihnen ihre Umwelt oft mit einer weniger wertschätzenden Anschauung, die einer Grundhaltung wie dieser entspringt: „Wer sich so wichtig nimmt, dass er glaubt, sein Innenleben würde genug hergeben und sein Talent so herausragend sein, dass er beides einem Publikum präsentieren möchte, sollte sehen, dass er allein damit zurecht kommt. Diesen Luxus gönnt sich die arbeitende Bevölkerung nicht." Viele Kreative haben diese Haltung selbst verinnerlicht und empfinden sich eher als eine Zumutung als einen Gewinn für ihre Umwelt. Deshalb fällt es ihnen manchmal schwer, sich Unterstützung für ihre Ziele zu suchen. Ein guter Künstler schafft es schließlich allein. Die Geschichte widerspricht dieser Haltung. Künstler brauchen Unterstützung. Daran hat sich bis heute nichts geändert.

Ich wünsche mir, dass Sie am Ende der Lektüre Ihren individuellen Mentor in der Tasche tragen – ausgestattet mit Ideen, Übungen und Überzeugungen. Einen Unterstützer, der Sie mit Selbstachtung und Energie versorgt, wenn sie Ihnen vorübergehend mal ausgehen.

Berlin  Alina Gause
September 2016

# Dank

Ich möchte mich an dieser Stelle bei den Menschen bedanken, die mich bei der Entstehung und Fertigstellung dieses Buches unterstützt haben.

Ich danke den vielen Kreativen, die uns in diesem Buch – ob mit geschützter Identität hinter den Fallbeispielen oder offen unter ihrem Namen – einen Einblick in ihr Künstlerleben gestatten.

Des Weiteren möchte ich mich beim Springer Verlag bedanken und dort insbesondere bei Joachim Coch für die Produktplanung, Judith Danziger für das Projektmanagement und Daniela Böhle für das Lektorat. Die Zusammenarbeit mit ihnen hatte die Zutaten eines gelungenen kreativen Prozesses: Wertschätzung, Aufmerksamkeit, persönliches Engagement, inhaltliches Interesse und Humor.

Und natürlich möchte ich mich auch bei meiner Familie bedanken: für das schonungslose Prüfen erster Ideen, für die Geduld in Stresszeiten und die geteilte Freude, wenn etwas gelingt.

# Inhaltsverzeichnis

1 **Einleitung: Willkommen in einem Spiel ohne Linien** . . . . . . . . . . . . . . . . . . . . . . . 1

2 **Die Achillesferse des Künstlers: Hingeben, nicht hergeben** . . . . . . . . . . . . . . . 21
Neun Tipps für den Umgang mit Verletzlichkeit . . . . . . . . . . . . . . . . . . . . . . . 28

3 **Die dritte Person: Anbieten ohne Anbiedern** . . . . . . . . . . . . . . . . . . . . . . . 41
Wir basteln uns einen Mentor . . . . . . . . . . . . . 61

4 **Der persönliche Modus Vivendi: „Der rote Faden, das bin ich."** . . . . . . . . . . . . . . . . . . . 69
Antrieb. . . . . . . . . . . . . . . . . . . . . . . . . . . . . . . 79
Liebe und Beziehung . . . . . . . . . . . . . . . . . . . 82
Auf und Ab . . . . . . . . . . . . . . . . . . . . . . . . . . 86

| | |
|---|---|
| Sexuelle Belästigung | 90 |
| Krankheit | 92 |
| Zweites Standbein | 95 |
| Einsamkeit | 98 |
| Scham | 102 |
| Kurzporträts | 104 |
|   Anett Simmen | 105 |
|   Jeannine Michele Wacker | 107 |
|   meinhardt krauss feigl | 109 |
|   Tobias Bieri | 113 |
|   Katja Grübel | 115 |
| Checkliste | 119 |

## 5 „The Artists' Way of Life": Lebensform der Zukunft? ... 125

| | |
|---|---|
| 15 nützliche Tugenden für den Umgang mit einer neuen Zeit | 130 |
|   Fantasie (sich etwas vorstellen können) | 132 |
|   Kreativität (sich etwas ausdenken können) | 134 |
|   Flexibilität | 136 |
|   Fitness | 138 |
|   Selbsteinschätzung | 140 |
|   Disziplin | 142 |
|   Materielle Bescheidenheit | 144 |
|   Ideeller Größenwahn | 146 |
|   Blick nach innen: der persönliche rote Faden | 148 |
|   Blick nach außen: kein Erfolg ohne Teamwork | 150 |

| | | |
|---|---|---|
| Frustrationstoleranz | | 152 |
| Humor | | 154 |
| Lebenslanges Lernen | | 156 |
| Ambiguitätstoleranz | | 158 |
| Eigeninitiative | | 160 |
| **6** | **Schlussbemerkung** | 169 |
| **Literatur** | | 173 |

# Die Autorin

**Alina Gause** wurde in Berlin geboren und absolvierte dort ihre Ausbildung in Tanz, Gesang und Schauspiel. Es folgten Engagements – u. a. mit eigenen Texten und Kompositionen – z. B. am Maxim Gorki Theater, Theater des Westens sowie beim Film und Fernsehen. Neben ihrer künstlerischen Tätigkeit schloss sie ein Psychologiestudium ab und spezialisierte sich auf die Lebens- und Arbeitsumstände der Kreativbranche. 2009 richtete sie in Berlin a.way, eine Beratungsstelle für Kreative, ein und berät dort Künstler aller Sparten. Seit 2008 ist sie Redaktionsmitglied des Schauspielermagazins ca:stmag. 2011 erschien ihr Buch „Warum Künstler die glücklicheren Menschen sein könnten" und 2014 erhielt sie einen Lehrauftrag an der Universität der Künste in Berlin, wo sie mit ihrem Mann und ihren beiden Kindern lebt.

# 1

# Einleitung
## Willkommen in einem Spiel ohne Linien

In meinem ersten Buch „Warum Künstler die glücklicheren Menschen sein könnten" befasste ich mich vor allem damit, die Psychologie der darstellenden Kunst und des Metiers mit seinen Besonderheiten zu ergründen, einen Status quo zu formulieren und dazu Stellung zu beziehen. Da ich mich als Fachfrau für die darstellenden Künste verstand, weil ich sie aus eigener Anschauung kannte, hielt ich mich mit Aussagen über die bildenden Künste und andere kreative Berufszweige zurück. Außerdem ging ich nur am Rande darauf ein, welche praktischen Schlüsse man zur Unterstützung kreativ Tätiger ziehen könnte. Seit der Veröffentlichung ist einige Zeit vergangen und die Erfahrungen und Reaktionen während dieser Zeit haben meinen Ansatz verändert.

Ich wurde nach Lesungen immer wieder darauf angesprochen, ob ich nicht ein weiteres Buch schreiben könne, das praktische Tipps im Umgang mit dem Künstlerberuf enthalte. In den ersten Jahren verneinte ich das – sogar vehement –, weil ich zum einen eine Abneigung gegen einfache Antworten auf vielschichtige Problemstellungen hege und zum anderen meine, dass Kreative ihren persönlichen Weg finden müssen, mit ihrer individuellen Passion glücklich zu werden. Wie sollte dazu ein „10-Punkte-Plan" passen? Ich muss allerdings zugeben, dass ich in den letzten Jahren zunehmend den Sinn in einem solchen Buch erkennen konnte und das vornehmlich aus drei Gründen:

Erstens sah ich, dass die Teilnehmer meiner Gruppenseminare besonders von dem Austausch mit ihren Kollegen profitierten, weil alle Ähnliches berichteten. Für viele Künstler geht es darum, sich von der beschämenden Überzeugung zu befreien, sie wären die Einzigen, die mit inneren Hürden zu kämpfen haben. Häufig interpretieren sie Schwierigkeiten und Krisen als Zeichen ihrer allgemeinen Nichteignung. Ein Buch wie dieses ermöglicht ihnen den Zugang zu den Welten anderer Kreativer, zu denen sie sonst in dieser Offenheit häufig keinen Zugang haben, und damit die Erkenntnis, dass sie nicht allein sind.

Zweitens bevorzuge ich zunehmend ein bestimmtes Repertoire an Übungen und praktischen Schritten, das ich zwar den unterschiedlichen Menschen anpasse, das aber an ähnlichen Punkten ansetzt. Diese Erkenntnisse möchte ich schriftlich festhalten und damit einer größeren Öffentlichkeit zur Verfügung stellen.

Und drittens erfuhr ich von Lesern des ersten Buches, dass sie die Lektüre ihren Eltern, Lebenspartnern, Agenten, Freunden oder anderen mit ihrem Leben verbundenen Menschen empfohlen hatten, um ihnen damit das

Verständnis für manche Verhaltens- oder Denkweise von Künstlern zu erleichtern. Mehr Wissen bedeutet in jedem Bereich in der Regel eine Entfernung von Klischees – etwas, das ich gerade in Bezug auf Künstler sehr begrüßen würde.

Ich bin also zu dem Schluss gekommen, dass es sich lohnt, ein zweites Buch zu schreiben. Einen kleinen Unterstützer, den man bequem in der Tasche tragen und im Bedarfsfall herausholen kann. Sei es im Vorzimmer des Castings, beim Brunch der Agentur, vor dem Computer, im Zug, auf dem Flug zu einer Präsentation oder nach einem Konzert im Hotel: Man kann sich Anregungen holen und sie mit den eigenen Gedanken und Erkenntnissen abgleichen. Nicht dass ich meine, Künstler könnten es ohne einen Kompass in der Tasche nicht schaffen. Aber sie sind häufig allein. Einsamkeit ist bei der Karrieregestaltung ein ständiger Begleiter. Es wäre schön, wenn dieses Buch helfen könnte, solche Phasen zu überbrücken und sogar zu nutzen, denn es ist erst dann vollendet, wenn Sie es mit Ihren eigenen Notizen und Gedanken vervollständigt haben. Dann wird es zu einer Unterstützung, die nicht von mir formuliert, sondern aus Ihnen heraus gestaltet ist.

Zur besseren Lesbarkeit habe ich mich entschieden, die männliche Form zu verwenden, wenn ich von Menschen im kreativen Sektor spreche – Künstler, Schauspieler, Autoren etc. Selbstverständlich sind in sämtlichen Fällen sowohl Männer als auch Frauen gemeint.

Sie werden bei der Lektüre dieses Buches meine künstlerische Heimat in den darstellenden Künsten heraushören. Und dennoch werde ich mich nicht mehr ausschließlich auf darstellende Künstler beziehen, sondern von Kreativen sprechen. Der Grund dafür sind die Menschen, die mich in den letzten Jahren aufgesucht haben. Zu Beginn meiner Beratungstätigkeit hatte ich noch diejenigen, die keine darstellenden Künstler waren, darauf hingewiesen, dass ich die Gesetze ihres Metiers nicht kenne und daher vielleicht nicht die richtige Unterstützung für sie bieten würde. Nachdem ich aber immer wieder hörte: *„Darum geht es mir nicht. Ich komme trotzdem."*, verstand ich, was ihnen wichtiger war als die Expertise in ihrem spezifischen Berufsfeld: das Verständnis ihrer kreativen Persönlichkeit.

Dass man einen Wert darin erkennen kann, wenn ein Mensch sich ausdrücken muss.

Dass man Verständnis aufbringt, wenn jemand viel Energie, Zeit und Geld in ein Projekt steckt, das andere und vor allem er selbst für idiotisch halten.

Dass man darin sogar einen förderungswürdigen gesellschaftlichen Beitrag erkennen kann.

Dass man nicht aufgrund seiner hohen Emotionalität und Empfindsamkeit für „gestört" gehalten wird (und falls doch, zu einer geeigneten Anlaufstelle vermittelt wird), sondern für spannend, besonders, risikobereit.

Dass man deshalb mit ihnen auf Augenhöhe arbeitet und nicht mit einem gönnerhaften Lächeln auf den Lippen nach dem Motto: *„Da ist ja einiges im Argen. Was für ein Chaos! Na dann mal an die Arbeit!"*

Weil sich kreative Menschen, wenn sie Unterstützung bei der Durchsetzung eines Projektes, eines Karriereschrittes, eines inneren Prozesses suchen, jemanden an ihrer Seite wünschen, der den kreativen Bereich nicht nur aus der Theorie sondern auch aus der Praxis kennt.

Sänger, Schauspieler, Musicaldarsteller, Orchestermusiker, bildende Künstler, Regisseure, Beschäftigte der Medienbranche, Grafikdesigner, Fotografen, Autoren – zunehmend wurde mir klar, dass hierin die Verbindung zwischen den kreativen Branchen lag und ich weder sie noch mich mit der Eingrenzung auf ein Genre behindern müsste. Dass ich eher einen Dialog zwischen den unterschiedlichen Metiers anregen sollte. Nach wie vor steht oft die Abgrenzung der kreativen Berufe im Vordergrund, da die Berufsrealität teilweise überhaupt nicht miteinander vergleichbar ist. Aber hier wird Potenzial verschenkt. Schaut man über den Tellerrand, beginnt man zu hinterfragen, warum etwas auf dem einen Gebiet als nicht durchsetzbare Forderung erscheint, das auf einem anderen längst akzeptiert ist. Was in dem einen Genre undenkbar erscheint, hat ein anderes längst realisiert. So können darstellende von bildenden Künstlern lernen, wie man lange Zeit allein arbeiten und sich trotzdem (oder gerade deshalb?) lebendig fühlen kann. Opernsänger wissen, dass man sich und das eigene Material pflegen muss und wie man Arbeitgeber dazu bringt, diese Meinung zu teilen. Orchestermusiker verstehen es, sich gewerkschaftlich zu organisieren. Filmschauspieler sind in der Regel topfit, was Marketingfragen anbelangt, Musicaldarsteller sind kaum zu überbieten in ihrer Belastbarkeit. Musiker und Tänzer können Institute in Anspruch nehmen, die zu ihrer Gesundheitsförderung entstanden sind, und Grafikdesigner verbinden Kreativität mit dem Dienstleistungsgedanken.

Dieses Buch widmet sich v. a. praktischen Aspekten zur Gestaltung eines kreativen Lebens. Denn das haben alle

Kreativen gemeinsam: Sie folgen der Sehnsucht, innere Bilder, Gedanken und Gefühle auszudrücken. Sie möchten gesehen, gehört, gelesen und honoriert werden. Und sie kämpfen dabei immer wieder mit inneren Zweifeln, Motivationslücken, Überlastung und Einsamkeit. Da kann etwas Flankenschutz nicht schaden.

Aus der Innensicht als darstellende Künstlerin beschäftige ich mich seit über 30, aus der Außensicht als Diplom-Psychologin seit mehr als 10 Jahren beruflich mit den Lebens- und Arbeitsbedingungen von Kreativen. Letztlich geht es immer um die gleichen Fragen: Wie kann man Kreativität im Beruf verwirklichen und davon leben? Und wenn es gelingt – macht das wirklich glücklich? Ist die große Sehnsucht danach, gehört und gesehen zu werden, legitim oder peinlich? Darf man ihr ein Leben widmen? Wie sehr müssen enge Vertraute diesen Weg miterleiden? Wie kann ich mich dem Business optimal präsentieren? Oder im Gegenteil: mich davon unabhängig machen? Es sind die gleichen Fragen – sie werden aber von verschiedenen Menschen gestellt. Dahinter stecken unterschiedliche Biografien, Persönlichkeiten, Lebenswelten. Es verbindet sie, dass sie einem inneren Kompass folgen, der sie unbeirrt ihr Ziel verfolgen lässt. Es mag sein, dass sie auf diesem Weg vorübergehend in eine Sackgasse geraten, dass sie von inneren oder äußeren Hürden aufgehalten werden, aber sobald es ihnen gelingt, den Weg frei zu räumen, laufen sie voller Energie weiter. Auch wenn sie ein wichtiges Zwischenziel erreichen – ein bestimmtes Engagement, eine Rolle, eine Auszeichnung, die Realisierung eines Traumes, einen Karrieresprung – endet der Weg damit nicht.

# 1 Einleitung

**Kreative Menschen und ihr verlässlicher innerer Motor sind es, die mich jeden Tag aufs Neue faszinieren.**

Als ich begann, mich als Diplom-Psychologin auf Kreative zu spezialisieren, wurde ich scherzhaft verhöhnt: *„Du wirst Dein Leben mit lauter Losern verbringen. Denn ohnehin stehen die Künstler ganz unten und zu Dir kommen dann noch die, die es zu gar nichts gebracht haben. Viel Spaß!"* Ich muss zugeben, dass auch ich befürchtete, dass ich nicht immer an die Ziele glauben könnte, die meine Klienten mit mir erreichen wollen würden. Vor allem auch, dass mir das, was sie täten, nicht gefallen würde, denn es geht mir wie den meisten: ich habe einen ausgeprägten persönlichen Geschmack. Aber es ist in den Jahren meiner Beratungstätigkeit nur einmal vorgekommen, dass ich mich fragte: *„Warum sollte ich mithelfen, das zu realisieren?"*. In den anderen Fällen stand etwas anderes im Vordergrund, als dass ich Teil ihrer Zielgruppe hätte sein müssen oder dass sie Chancen auf den nächsten Grimme-Preis gehabt hätten: Um mich für jemanden engagieren zu wollen, muss ich überzeugt davon sein, dass sein Ziel und seine Mittel sich ausreichend entsprechen. Und das war bisher immer der Fall. Auf diese Weise habe ich viele Lebenswege begleitet, die mich tief beeindruckt haben. Menschen, die den Weg zu mir finden (oder dieses Buch lesen), haben etwas vor. Sie haben selbst definiert, was das sein soll und warum sie zu diesem Zeitpunkt eine Unterstützung aufsuchen. Möglicherweise suchen sie jemanden, der ihnen hilft, täglich die notwendigen Kräfte zu mobilisieren, vielleicht jemanden, der ihnen hilft, sich zu ordnen, auszutauschen, Optionen zu benennen. Aber ob mit Unterstützung oder ohne: Sie gehen ihren Weg – das haben sie schon immer getan und so sitzen bei mir Menschen, die aktiv an ihrer persönlichen Erfolgsgeschichte arbeiten. Ich bin umgeben von Ideen, Energie und ausgeprägten Talenten – was will man mehr?

Ein unerwartetes Nebenprodukt dieser Begegnungen der letzten Jahre war eine persönliche Wende, was die Bewertung kreativer Persönlichkeiten und ihrer Outputs anbelangt. In der Ausbildung wurde ich wie viele andere dazu erzogen, in Kritik „ein Geschenk" zu erkennen, mich derselben daher nicht zu verschließen und sie demütig von den Erfahreneren und Wissenderen zu empfangen. Als ich mich Jahre später mit dem psychologischen Forscherblick dem Thema zuwandte, konnte ich immer weniger Nutzen in negativer Bewertung erkennen, wohl aber ihren Schaden. Hierzu habe ich mich bereits ausführlich in meinem ersten Buch geäußert und benenne dort auch die Umstände, unter denen ich Kritik und Bewertung für hilfreich halte. Meine persönliche Wende vollzog sich in kleinen Schritten: Stück für Stück verabschiedete ich mich von den Resten einer unter vielen verbreiteten Überheblichkeit, eines Ich-weiß-was-gut-ist-und-warum. Natürlich weiß ich genau, was mir gefällt, was ich persönlich für gut oder gelungen, beeindruckend oder nichtssagend halte und werde das auch leidenschaftlich kundtun. Ich weiß aber, dass das nur für mich persönlich von Belang ist und keine objektive Aussage darstellt. Ich sehe heute in der weit verbreiteten Bewertungshierarchie den Grund vielen Übels, einen Verhinderer von Ideen oder deren Umsetzung. Es kommt sowohl aus den Reihen der Kreativen selbst als auch von außen. Ein typischer Spruch in Bezug auf Schauspieler lautet z. B.: *„Spielt er noch oder liest er schon?"* Übersetzt: Schauspieler sind Schauspieler geworden, um zu spielen – tun sie das nicht, sind sie offenbar als Schauspieler nicht attraktiv genug, dass man sie engagiert. Da ihre Sehnsucht danach aber nicht aufhört, suchen sie sich andere, verwandte Betätigungsfelder. Veranstaltet ein Schauspieler eine Lesung, kommt das in jenen dünkelhaften Kreisen einem öffentlichen Versagen gleich und lädt zur Schadenfreude ein. Diese Sicht finde ich unnötig engstirnig. Jüngere Menschen am Beginn ihrer Karriere mögen noch über die gnadenlose Bewertung ihrer Kollegen ihr eigenes Profil schärfen müssen. Wer aber schon einige Jahre im künstlerischen Metier verbracht hat, sollte auf das Prinzip „Aufwertung durch Abwertung" verzichten können und beobachtet haben, dass es effektiver ist, einen Menschen beim Aufstehen anzufeuern, als ihn beim Hinfallen auszulachen. Und zwar für beide Seiten. Missgunst schwächt auch die Person, die sie empfindet. Ein weit besserer Motor für die eigenen Ziele ist die Anerkennung der Bemühungen anderer. Beobachten Sie einmal Menschen, die selbst viel aus eigener Energie auf die Beine gestellt haben: Sie erkennen in der Regel, wenn jemand sich auf den Weg macht und interpretieren kleine Schritte, Sackgassen und Scheitern als Steine auf dem Weg und nicht als Ziellinie. Denn den gleichen Weg sind sie auch gegangen. Aber ob belächelt und verhöhnt oder bewundert und respektiert: Kreative Projekte werden durch negatives Feedback häufig nur verzögert oder modifiziert, aber nicht verhindert. Denn Kreative erfinden nicht, weil sie es wollen, sondern weil es zu ihnen gehört wie das Atmen. Würden wir uns als „Atmer" lächerlich machen, als hoffnungslose Idealisten entblößen, als Visionäre, deren Visionen niemand braucht – es würde uns nicht vom Atmen abhalten. Damit sind Kreative anderen Menschen einen Schritt voraus: Sie haben sich bereits geoutet und der Weg nach vorn ist frei.

Es ist mir ein besonderes Vergnügen, wenn ich Szenen erlebe, in denen Künstler so stark sind, dass sie über alle Versuche, sie zu beschämen, erhaben sind. So wie Tedros Teclebrhan in der Sendung TV total. Während Stefan Raab nicht mehr in der Hand hielt als einen von der Redaktion vorbereiteten Zettel, der offenbar seit dem ersten Besuch von Teddy nicht ausgetauscht worden war, und dementsprechend wenig aktuelle Fragen an seinen Gast hatte, unterhielt dieser das Publikum. Während Teddy sang und spielte, erklärte Stefan Raab, dass er eben das als sog. Musicaldarsteller (Schublade) nicht vermöge, wie er, Stefan Raab, der nie ein Musical besucht habe (ganz wichtig!) über Musicaldarsteller zu verlauten wisse (?). Während er zum Thema Inkompetenz von Musicaldarstellern referierte, parierte sein Gast strotzend vor Talent humorvoll seine Auslassungen, sodass Herr Raab irgendwann aufgab und selbst zum Publikum wurde. Am besten gefiel mir in Teddys Hymne an seinen Gastgeber über dessen Abschied eine Stelle, die ich so in Erinnerung behalten habe: *„Stefan. Du warst....Du warst.....immer da. Im Fernsehen."* Ja, dagegen ist nichts zu sagen.

Einen Traum, eine Idee, einen Schritt zu realisieren, fordert zuerst, sich vor sich selbst und dann auch der Umwelt damit zu „outen": *„Ich werde etwas wagen. Das kann schief gehen."* Das kann eine neue Modulation in einem alten Song sein oder aber die Gründung einer Firma. Sollte man damit Erfolg haben, ist das eine Aufforderung an die Umgebung, sich zu fragen: *„Warum habe ich das nicht auch gewagt?"* Wenn die Antwort lautet: *„Warum sollte ich? Ich bin zufrieden damit, wo ich bin"*, ist die Welt in Ordnung. Es gibt aber viele Menschen, die Träume und Projekte in sich tragen, die sie nicht realisieren, weil sie es sich nicht zutrauen und ein öffentliches Scheitern verhindern möchten. Das ist der Grund, warum denjenigen, die das Wagnis eingehen, häufig mit Skepsis, manchmal mit Hohn begegnet wird und sie mit „guten" Ratschlägen und Warnungen überhäuft werden, die es ihnen noch schwerer machen, dem inneren Antrieb zu folgen. Wie bereits ausgeführt, bedauere ich das sehr, weil es nicht darum geht, ob ein Projekt den Jahrhundertpreis gewinnt, sondern dass es durch sein Dasein in der Schublade einen Menschen lähmt und die Welt um eine Inspiration bringt. Würden morgen alle Kreativen ihre inneren und tatsächlichen Schubladen öffnen und das realisieren, was darin zu finden ist, würden zwar nicht mehr Preise verliehen werden, aber unsere Welt einen spürbaren Schritt in Richtung Lebendigkeit, Werteübermittlung, Glanz, Spaß und Menschlichkeit machen.

Wie viele ergebnislose Arbeitsstunden werden von Forschern investiert, um die Wissenschaft ein Stück weiterzubringen? Es ist allgemein bekannt, dass einige bedeutende Errungenschaften auf Zufallsentdeckungen innerhalb eines langen Suchprozesses nach einem anderen Schatz beruhen oder lange Zeit brauchten, um als solche erkannt zu werden. Ob wir wohl heute Penicillin zur Verfügung hätten, wenn man im Vorhinein gesagt hätte: *„Jeder Vorgang muss ein Ergebnis erzielen, dessen Wert wir unmittelbar* *definieren können, sonst entziehen wir Ihnen die Daseinsberechtigung."*? Studien über die Methode des Brainstormings haben gezeigt, dass sie v. a. dann funktioniert, wenn in der Zeit des Ideensammelns – d. h. innerhalb der kreativen Phase – nicht gewertet wird. Erst danach werden die einzelnen Vorschläge überprüft und ausgewählt. Im künstlerischen Bereich hingegen muss mit jedem Ergebnis bereits ein Erfolg verbucht werden – sonst lässt sich ihre Umwelt nicht davon überzeugen, dass es ein sinnvoller Beitrag zum Leben ist. Wie im Falle des Kritikers, der in einem öffentlichen Gespräch mit mir auf einem Symposium der freien Theaterszene sinngemäß äußerte: *„Würden 80 % von Ihnen morgen aufhören, wäre das weder spürbar noch ein Verlust."* Da bin ich anderer Meinung: Wir können nicht wissen, welches kreative Produkt welchen nützlichen Gehalt in welchem Kontext entfalten wird. Eines ist aber klar: Reduzieren wir 80 % des kreativen Outputs aufgrund der Überzeugung, sie objektiv als wertlos entlarven zu können, reduzieren wir auch das Potenzial um 80 %.

An dieser Stelle möchte ich den großen Gitarristen Giorgio Crobu erwähnen. Nie habe ich als Sängerin und Songwriterin mehr gelernt, nie habe ich mich weiter entwickelt als in der Arbeit mit ihm. Warum? Hat er mir zielsicher aufgeführt, wo meine Stärken, wo meine Fehler liegen? Hat er eine perfekte Analyse meiner Modulationen abgegeben? Hat er mich mit Monologen über die Notwendigkeiten und Risiken des Business auf Trab gehalten? Mitnichten. Er hat Gitarre gespielt – göttlich – und ich habe gesungen. In den vielen Jahren der Zusammenarbeit hat er sich genau zweimal wertend geäußert: *„Ah, probier mal noch tiefer."* Und *„Eh Ali – das ist schön."*

Jahrelang platzte ich vor Neugier, was er wirklich von mir hielt. All die Jahre habe ich ihn nie etwas Negatives über einen Kollegen sagen hören. Und ich fragte mich immer: *„Wäre es nicht besser, wenn er auch einmal Farbe bekennen würde? Macht ihn seine grenzenlose Freundlichkeit nicht klein? Ist es ihm vollkommen gleichgültig, wer sich womit auf den Markt wirft und wie darauf reagiert wird?"* Heute, weitere 20 Jahre später, sind diese Fragen nicht mehr wichtig. Wichtig ist, dass das Singen mit ihm zu den schönsten und intensivsten Erfahrungen meines Lebens gehört und dass ich durch die Begegnung mit ihm musikalisch gewachsen bin.

Manchmal sagen Klienten seufzend zu mir: *„Ja, ich weiß, Sie sehen das jetzt wieder ganz positiv."* Und können mir in dieser Sicht auf ihre Situation nicht so recht folgen. Wenn sie genauer hinsehen, werden sie bemerken, dass ich nicht alles positiv beurteile. Ich bin nur aufmerksamer dafür, was schon erreicht wurde und wohin der Weg noch führen könnte. Und das stärkt sie mehr als schonungslose Kritik vermeintlich Wissender. Des Öfteren sitze ich als Beobachterin in Trainings verschiedener Disziplinen (Film, Gesang, Tanz, Marketing), weil ich wissen möchte, wen ich meinen Klienten zur Weiterbildung empfehlen kann. Ich schaue zu und versuche nachzuvollziehen, was der Trainer oder die Trainerin gesehen haben mag, das ihn oder sie sagen ließ: *„Vorher noch ganz schwach und jetzt wunderbar!"* Denn es passiert mir nicht selten, dass ich das ganz anders sehe. Der Betreffende, der dort gerade als (durch das Training) verbessert beurteilt wurde, hatte mir möglicherweise in einem früheren Moment besonders gut gefallen – bevor er überhaupt an der Reihe war und noch lässig an die Wand gelehnt stand. Selbstverständlich muss man als Trainingsleitung äußern, wann man ein Ziel als erreicht empfindet und wann nicht. Ich habe es mir aber zur Gewohnheit gemacht, als Leitung nicht das Urteilsmonopol in Anspruch zu nehmen, sondern offen darzulegen, dass ich nicht mehr vertreten kann als meinen individuellen Geschmack oder eine persönliche Haltung. Ich gebe zu, dass mir das manchmal schwerfällt, wenn ich euphorisch auf ein Ergebnis reagiere. Dann fordere ich die Teilnehmer dazu auf, sich mit der eigenen Meinung, dem inneren Gefühl dazu zu positionieren: *„Erscheint es Ihnen glaubwürdig, was ich Ihnen erzähle oder ein anderer Ihnen erzählt? Wie fühlt es sich an? Können Sie praktischen Nutzen daraus ziehen? Oder möchten Sie sich von dieser Sicht auf Ihre Person gerne distanzieren? Dann tun Sie es und lassen Sie sich nicht einreden, dies geschehe aus einem (verdächtigen) Widerstand heraus. Oder haben Sie das Gefühl, dass Sie benutzt worden sind, um eine Methode gut aussehen zu lassen?"*

**Vergessen Sie nie, wenn Sie von Lehrern, Beratern oder Arbeitgebern geführt werden, dass Sie der eigentliche Experte für sich selbst sind.**

Es ist nicht Ihre Aufgabe, dafür zu sorgen, dass Ihr Gegenüber sich in seinem Angebot bestätigt fühlt. Ihre Aufgabe ist es vielmehr, Ihre – wie Psychologen es nennen – „Selbstwirksamkeit" zu stärken, also die Überzeugung, Ihr Schicksal durch die eigenen Handlungen positiv beeinflussen zu können. Natürlich kenne auch ich den Impuls, jemandem durch die eigene Bewertung zu seinem Glück verhelfen zu wollen. Schließlich ist sie ja vorhanden – wir bewerten alle in wenigen Sekunden, was wir wahrnehmen. Und es drängt uns, die Umwelt daran teilhaben zu lassen. Ich halte es aber gerade für Kreative nicht für hilfreich. Leider gibt es eine unter vielen Kreativen verbreitete Marotte, die selbst ernannten Kritikern Tür und Tor öffnet. Vielleicht kennen Sie das? Ich nenne es den „Aua-Komplex": Wenn es wehtut, ist es richtig. Das ist schädlicher Unsinn. Die Begegnung mit sich selbst und den eigenen Grenzen schmerzt schon genug. Haben Kreative stattdessen ein wohliges Feld zur Entfaltung um sich, folgen sie ihren eigenen Überzeugungen und werden immer dann bestärkt, wenn sie ihren eigenen Kopf wieder ein Stück mehr befreien, dann laufen sie zur Höchstform auf. Haben Sie den „Aua-Komplex" bei sich diagnostiziert? Dann versuchen Sie es doch probehalber mal anders: Fordern Sie Kritik, die nie unterhalb der Gürtellinie landet und in Zimmerlautstärke kommuniziert wird. Freuen Sie sich über konstruktive Hinweise auf Augenhöhe und ohne inflationäre Ausbeutung ihrer kreativen Substanz. Vielleicht vertragen Sie schon eine höhere Dosis an Wohlbefinden und akzeptieren ein begeistertes Lob? Wie gesagt: nur probehalber. Sollte es Ihnen dabei nicht besser gehen, können Sie gerne wieder zum alten Prinzip zurückkehren.

Als ich begann, dieses Buch zu schreiben, gab ich ihm den Arbeitstitel „Spiel ohne Linien". Der Ausdruck entstand während meines Psychologiestudiums. Wir beschäftigten uns mit dem Verhalten von Menschen, die Zuschauer eines Spieles sind, dessen Regeln sie nicht kennen. Sie wissen nicht, welche Bedeutung die Linien auf dem Spielfeld haben, und daher auch nicht, wann es

Grund zur Freude oder zum Ärger gibt. Niemals können sie mit allen anderen von den Sitzen aufspringen, Freudentränen vergießen oder auf das Spielfeld stürmen und den Schiedsrichter angreifen. Erstens wissen sie nicht, wer der Schiedsrichter ist, zweitens nicht, wann etwas Bemerkenswertes passiert oder eben nicht passiert ist. Sie wissen nicht, warum die Farbe ihrer Kleidung auf einmal von größter Bedeutung ist und sie Teil einer Fangemeinde sein lässt oder davon ausschließt. Sie sind umringt von Menschen, die einhellig im Detail wissen, wie sie sich wann zu verhalten haben und wie das Geschehen zu bewerten ist, und haben selbst keinen Plan, was hier vor sich geht. Ein Spiel ist keine universale Naturgewalt wie die Geburt eines Babys oder ein Vulkanausbruch, die überall in der Welt ohne Erklärung verstanden werden, sondern ein von Menschenhand gestalteter Rahmen, der unterschiedlichen Zwecken dient: Gemeinschaften zu bilden, Gut und Böse und gut und schlecht zu definieren, Raum für Emotionen zu bieten, die sonst sozial inakzeptabel wären, Höchstleistungen und Expertise zu huldigen, Spaß zu haben, parteiisch zu sein, sich die Zeit zu vertreiben. Das tut uns Menschen gut. Aber der persönliche Wohlfühlfaktor variiert je nach Art des Spieles: Es gibt Menschen, die sich bei einem Fußballspiel zu Tode langweilen, und andere, die sich eine Urne in Fußballform wünschen. Nichts wäre unsinniger, als diese beiden in ein Gespräch darüber zu verstricken, wer von ihnen der bessere Mensch ist.

Kreativität ist ein Spiel. Wir spielen Möglichkeiten durch, wir erfinden neue Linien und Regeln und probieren sie aus. Wir spielen das Leben nach. Wir besingen es, zeichnen es, stellen es dar, schreiben darüber – nicht eins zu eins, sondern in einer von uns gewählten Form. Manche dieser Formen sind in ihrem Regelwerk eng abgesteckt. In der klassischen Musik geht das so weit, dass ein Triller sich je nach Komponist und Epoche in seiner Ausführung verändert. Freejazz mag – für den Regelignoranten – wie ein Spiel ohne Linien aussehen, ist es aber nicht. Irgendwann kommt nach einer Dekade jemand, der sagt: *„Ab jetzt behaupte ich, wer ein Tor geschossen hat, muss noch einen doppelten Salto hinterher bringen, damit es gezählt wird."* Eine Zeit lang wird darüber heftig diskutiert und es gilt als „No-Go", aber wenn die Menge auf den Rängen vom doppelten Salto überzeugt ist, wird es sich ggf. durchsetzen. Neue Regel, neues Spiel. Neue Gemeinschaft.

**Wer definiert die Linien für Kreative?**

Ich würde empfehlen, dass sie es selbst tun, weil sie Experten im Erfinden und im Spielen sind. Aber so ist es leider nicht. Wer also definiert die Linien? Wer sagt, 40 sei ein „schwieriges Alter" für eine Schauspielerin? Wer sagt, Musicaldarsteller haben im Schauspiel nichts zu suchen? Wer sagt, 750 Euro sind eine gute Mindestgage für einen Drehtag? Wer sagt, ab wann ein Comeback ein Comeback ist? Wer sagt, Design sei keine Kunst? Wer sagt, Hochschulen seien der Olymp der künstlerischen Bildung? Wer sagt, Oper sei langweilig? Wer sagt, sie sei spannend? Wer sagt, mit 60 hat man die Gruft zu planen und keine Schauspielkarriere?

Eine meiner Lieblingsgeschichten ist die von Frau L., die erst, als sie bereits über 60 Jahre alt war, zu mir kam. Die Entscheidung, ein Leben als Schauspielerin führen zu wollen, hatte sie mit Mitte 40 getroffen. Von diesem Zeitpunkt bis zu unserem ersten Treffen verbrachte sie viel Zeit mit Kursen und Laienspielgruppen. Sie irrte durch alle Möglichkeiten, die sich einer Anfängerin in ihrem Alter bieten. Ich sagte ihr unverblümt, was sie erwarten würde, wenn sie diesen Traum verfolgen würde: *„Man wird Sie auslachen. Es ergibt nur Sinn, dass wir das verfolgen, wenn der Weg für Sie schon Teil des Zieles ist. Denn erstens wäre es sonst psychisch zu belastend und zweitens wäre es unseriös, Ihnen zu versprechen, dass Sie einmal Geld damit verdienen können."* Wo steht sie heute – drei Jahre später? War sie vorher im Exil eines Lebens, das ihr nicht entsprach, steht sie jetzt mitten in der Welt, nach der sie sich gesehnt hat. Frau L. dreht Filme und spielt Theater. Denn es bieten sich ihr auf dem Markt, der vor allem von Jüngeren gefüllt wird, viel mehr Möglichkeiten, als wir gehofft hatten. Sie kann von diesen Engagements keine Existenz bestreiten – noch nicht, muss ich heute sagen. Denn vor einigen Wochen hat sie eine Werbung gedreht, eine weitere steht nun nach einem Casting zur Entscheidung an. Parallel dazu probt sie zwei Bühnenprogramme. Das Wichtigste dabei aber ist: Heute sind ihre Tage mit Aktivitäten, Gedanken, Gesprächen und Menschen gefüllt, nach denen sie sich schon immer gesehnt hat. Jetzt hat sie nur noch ein Problem: Ihre Kinder, ihre Enkel und ihr Mann müssen akzeptieren, dass sie jetzt die ist, die sie schon vor 40 Jahren hätte sein wollen, und nicht mehr die, für die ihre Familie sie jahrelang gehalten hat. Keine leichte Aufgabe und ich kann nur hoffen für Frau L., dass ihre Familie so mutig ist wie sie. Sollte es Frau L. tatsächlich gelingen, mit regelmäßigen Engagements ihren Unterhalt bestreiten zu können, wird sie auf einmal auf Menschen treffen, die es immer geahnt hatten. Bis dahin muss sie damit leben, dass man sie belächelt. Das fällt ihr aber nicht so schwer wie ein Leben ohne Schauspiel.

Alle Kreativen kennen die Situation, auf einem freien Spielfeld anzufangen. Genau das zieht sie an. Je besser es ihnen während ihrer Ausbildung und später im Beruf gelingt, ihre eigenen Linien entlang ihres inneren roten Fadens zu ziehen, desto erfolgreicher werden sie sein. Und was mit Erfolg gemeint ist, werde ich hier nicht definieren. Ich überlasse jedem selbst, ab wann er meint, er habe die Champions League gewonnen.

**Die Themen für Kreative haben sich über die Jahrhunderte kaum geändert – aber die Welt hat sich geändert und in dieser Bewegung entstehen Lücken, die neue Gestaltungsmöglichkeiten bieten.**

Als ich für meine Diplomarbeit nach Literatur über Künstler suchte, war das Ergebnis noch mager. Nach der Jahrtausendwende zeigte sich ein wachsendes Forschungsinteresse aus einer unerwarteten Richtung: der Wirtschaft. Dort ist man auf der Suche nach dem modernen Arbeitnehmer – flexibel, eigeninitiativ, mobil, gut ausgebildet, in den Geschlechterrollen emanzipiert, kinderfreundlich. Der also mitbringt, was Künstler schon längst umsetzen. Dieses Interesse könnte ein Anfangspunkt für eine Neubewertung von Kultur und Kreativität sein. Weitere Lücken zur Gestaltung des Spielfeldes ergeben sich durch die abnehmende Dominanz der großen Vertriebsinstrumente von Kunst – Plattenfirmen, Verlage, TV-Sender, Galeristen,

Agenturen. Kreative gründen zunehmend ihre eigenen Labels, bringen Bücher im Selbstverlag heraus, schaffen sich kleinere, aber eigene Fangemeinden auf unabhängigem Weg. Und schließlich wird Kreativität zunehmend wie ein exotisches Tier als Ressource entdeckt und gilt heute als Schlüsselkompetenz. Aus diesem Grund öffnen Branchen Kreativen ihre Tore, die sich sonst eher fern davon sahen. Erfreulich ist es auch, wenn Arbeitssoziologen wie z. B. Alexandra Manske das Augenmerk darauf lenken, dass der Beitrag der Kreativwirtschaft zum Bruttosozialprodukt den der Chemiebranche übersteigt, dass sich dies aber bedauerlicherweise nicht im Einkommen der Kreativen niederschlägt, sondern nach wie vor auf deren Bereitschaft zur Selbstausbeutung gesetzt wird.

Im Augenblick ist nicht abzusehen, wohin der Kreativ- und Kultursektor sich noch entwickeln wird. Darin steckt das Potenzial für Kreative, sich aus den bisher gegebenen Hierarchien und damit aus dem ihnen allzu bekannten Gefühl von Ohnmacht zu lösen und ihre Karriere selbst zu gestalten – das Spielfeld ist offen, die Linien zeichnen Sie. Zum Beispiel in dieses Buch.

# 2

# Die Achillesferse des Künstlers
## Hingeben, nicht hergeben

Schwächen sind Privatsache – jedenfalls im Beruf. In beruflichen Kontexten werden wir dafür bezahlt, was wir können, und nicht für das, worin wir eher schwächeln, wo unsere Grenzen liegen. Dafür gibt es ein Privatleben – das ist der Ort, an dem wir uns verletzlich und schwach zeigen können und trotzdem geliebt werden. Es ist eine gesunde Sache, sich auszusuchen, wann man sich unvollkommen zeigen möchte und wann nicht. Finden wir im Freundes- und Familienkreis diesen Ort, können wir es uns leisten, unsere Schwächen und wunden Punkte an anderen Orten zu überspielen, zu verheimlichen oder einfach nicht zum Thema zu machen. Und wir können auch auf diesem Recht bestehen. Finden wir diesen Ort nicht, geraten wir wahrscheinlich irgendwann in eine psychische Schieflage.

Für Menschen, die aus sich selbst schöpfen, die ihre Innenwelt kreativ umsetzen, gelten andere Regeln. Wer aus sich selbst heraus schöpft und im Sinn hat, das Ergebnis einem Publikum zu präsentieren, ist persönlich angreifbar. Anders als ein Mechaniker, Lehrer oder Bäcker, dessen Arbeit man bewertet, wird jemand, der durch sein Produkt Gefühle, Gedanken, Einstellungen oder sonstige intime Vorgänge offenbart, dementsprechend für seine Gedanken, Gefühle, Einstellungen und sonstige intimen Vorgänge kritisiert. Jetzt werden Sie möglicherweise sagen: *„Das gilt doch für jeden, der eng mit seiner Arbeit verbunden ist und Gutes leisten will! Ein Arzt, der sich intensiv um seine Patienten bemüht, wird es auch nicht einfach wegstecken, wenn man ihn kritisiert."* Das stimmt. Aber nehmen wir an, der Arzt fängt vor lauter Verletzung an zu weinen. Oder der Mechaniker flucht vor Wut oder der Lehrer setzt sich an sein Pult und schmollt. Sie alle bleiben arbeitsfähig. Man wünscht es ihnen nicht, aber letztlich könnte der Arzt in gleichbleibender Qualität weinend Blut abnehmen, der Mechaniker fluchend den Ölwechsel machen und der Lehrer schmollend Aufgaben an die Schüler verteilen. Kreative – und hier allen voran diejenigen, deren Arbeitsmaterial der eigene Körper, der eigene Geist und vor allem die eigene Seele ist – dürfen sich nicht schützen, indem sie weinen, fluchen oder schmollen. Sie dürfen schon, aber dann sind sie nicht mehr arbeitsfähig, weil sie ihr Arbeitsmaterial zum Schutz ihrer privaten Gefühle eingesetzt haben.

**Mit dem Grad der persönlichen Beteiligung an der Kreation steigt die Notwendigkeit, auch wunde Seiten nicht zu verstecken.**

## 2 Die Achillesferse des Künstlers 23

Man kann sich das als eine Art Ventilmechanismus vorstellen. Schließt man es, fließt es nicht mehr. Ein sehr anschauliches Beispiel dafür erlebte ich vor einiger Zeit mit Melanie, einer Sängerin. Hochkarätig ausgebildet und mit einer starken emotionalen Bindung zu ihrer Stimme ausgestattet, war sie aktuell nicht in der Lage, die einfachsten Töne zu singen. Was war passiert? Man hatte sie durch eine unerwartet heftige negative Bewertung so stark verletzt, dass ihr psychischer Reflex, sich zu schützen, einsetzte und auch nach Verlassen der Situation bestehen blieb. Ihre Kehle verengte sich im Moment des Einatmens, sodass außer einem Krächzen nichts zu hören war. Interessanterweise wurde dieses Phänomen in ihrem Gesangsunterricht nicht thematisiert – man umging alle Übungen, die diesen Reflex auslösten. Die Erklärung: *„Du denkst zu viel nach. Mach einfach!"* Diese Anweisung hatte nicht den gewünschten Effekt. Wie auch? Hier ging es um ein psychisches Phänomen, das nur Künstler kennen: Wie schaffe ich es, mich gleichzeitig zu öffnen und zu schützen? Nachdem ein Arzt die Stimme für gesund befunden hatte, sprachen wir über die Beziehung zu ihrer Stimme, über die tiefen Ängste, das Singen aufgeben zu müssen. Dass sie sich einer erneuten Verletzung nicht gewachsen fühlen würde. Wir sprachen darüber, dass sie nicht singen könne, ohne ihr Innerstes nach außen zu kehren, aber dass sie nun genau dieses Innenleben nicht mehr preisgeben wolle. Sie fing an abzuwägen: *„Was ist schlimmer – ein Leben ohne Gesang oder eine Ablehnung?"* Wir kamen schließlich überein, dass die Entscheidung, sich zu öffnen, kein Geschenk an Arbeitgeber sei, sondern ein Versprechen an sich selbst: *„Ich werde das Ventil nicht schließen, weil ich weiß, dass ich ohne Stimme nicht existieren kann. Keine Ablehnung kann so* *schlimm sein wie ein Leben ohne Gesang. Ohne Öffnung des Ventils kein Fluss. Ohne Fluss keine Stimme.*" In der Praxis sah es so aus, dass sie nicht das Singen üben musste, sondern das Öffnen. Das Öffnen der Atemorgane, der Kehle, der Psyche, der Wunde. Wer sie beobachtet hätte, hätte eine Frau gesehen, die immer wieder einatmet und damit einen Tränenfluss auslöst. Nach ungefähr vierzig Minuten konnten wir auf einzelne Töne übergehen. Ab und zu drang ein heller Klang durch das Krächzen hindurch. Wir setzten uns und sprachen weiter. Über ihre Träume, über Lieder, über Klänge, über die Bedeutung des Ganzen. Im Vorfeld des Treffens hatte ich sie gefragt, wie sie mir gerne ihre Stimme zeigen wolle – mit einem Lied? Oder ob ich Übungen mit ihr machen sollte? „*Bloß kein Lied! Einfach irgendwelche Übungen!*" Nun saßen wir zusammen und ich fragte sie: „*Wie sollen wir weiter vorgehen?*" „*Ich würde gerne ein Lied singen.*" Wenn damit auch noch nicht alle Arbeit getan war: die Rückeroberung der Hoheit über ihre Stimme war geschafft.

Wenn das Innenleben nicht Bestandteil des Produktes ist – wie im Beispiel des Arztes oder des Lehrers –, hat das Schließen des Ventils keinen zwingenden Einfluss auf das Arbeitsergebnis. Künstler hingegen dürfen ihre Achillesferse – während der Arbeit – nicht verleugnen, sie müssen im Gegenteil im wahrsten Sinne des Wortes mit dem Fluss ihres Innenlebens nach außen spielen. Versuchen sie sich unverwundbar zu machen, indem sie das Ventil schließen, wird das Ergebnis dies zeigen. Durchlässigkeit ist das Zauberwort. Was ist damit gemeint? Durchlässigkeit ist ein Terminus technicus, den jeder, der einmal eine Schauspielschule durchlaufen hat, kennt. Was aber bedeutet es?

## 2 Die Achillesferse des Künstlers

**Was sollen Sie „durchlassen"?**

Ihr ganz persönliches Innenleben, das Sie der Rolle, dem Projekt, dem Programm, dem Stück, der Komposition, der Choreografie, der Show zur Verfügung stellen, gespeist aus Ihren Gefühlen, Gedanken, Einstellungen und Überzeugungen. Das ist das Material, zu dem Kreative allen am Arbeitsprozess Beteiligten Zugang gewähren müssen. Regisseuren, Intendanten, Kostüm- und Maskenbildnern, Assistenten, Fotografen, Kabelträgern, Castern, Kollegen, Pressereferenten, Praktikanten, Dramaturgen, manche davon wohlgesonnen, andere nicht – die Liste ist sehr lang. Wer von ihnen auch immer anwesend ist bei der Probe, der Vorstellung, der Audition, dem Dreh, der Prüfung oder Präsentation wird Zeuge davon werden, wie die Vortragenden sich öffnen. Je nach Anteil an Entscheidungsmacht darf er oder sie auch Einfluss darauf nehmen, wie groß das Ausmaß der Öffnung ist. Die Präsentierenden werden auf Abruf „durchlässig" sein. Und zwar auch dann, wenn

- sie sich schämen,
- sie gehemmt sind,
- wunde Punkte berührt werden,
- sie persönliche Tabus brechen,
- sie Geheimnisse preisgeben oder
- sie andere Grenzen überschreiten.

Denn sie wissen, dass ohne den Fluss die Kreativität versiegt. Manchmal wird es ihnen gefallen, sich zu öffnen, manchmal wird es eine Qual sein. Eine Herausforderung ist es immer. Besonders anschaulich wird das beim Dreh von Liebesszenen. Es ist leicht für jedermann nachzuvollziehen, dass Schauspieler hier einen Einblick in ihren Intimbereich gewähren und dass sie wenig Einfluss darauf haben, wem sie diesen Zugriff erlauben. Das ist aber nur ein besonders markantes Beispiel. Schwerer fällt es nachzuvollziehen, wenn ein Künstler, der allein im Atelier malt, oder ein Autor, der allein im Zimmer sitzt, etwas durchleidet. Es geht noch unspektakulärer: Ich denke hier an eine junge Schauspielerin, deren Familie aus der Türkei stammte. Der „V-Ausschnitt" eines Pullovers, den sie zur Abschlussaufführung der Schauspielschule tragen sollte, löste bei ihr das Gefühl aus, sie stünde halb nackt auf der Bühne. Zur Abschlussaufführung würde ihre gesamte Familie kommen! Bisher hatte sie eine Art Doppelleben geführt, nun würde sie sich „outen" müssen. Eine vermeintliche Kleinigkeit stürzte sie in einen tiefen Konflikt darüber, ob sie Schauspielerin sein könne. Letztlich hat die Auseinandersetzung damit dazu geführt, dass sie heute Medizin studiert.

Was also in anderen Berufszweigen normal ist – psychische Schutzschilder zu entwickeln und im Bedarfsfall auch aufzubauen –, gilt für Kreative nicht. Sie müssen ihr Arbeitsmaterial, ihre Durchlässigkeit und ihre Verwundbarkeit ständig wach halten. Klingt das gesund? Unbedingt, wenn es sich auf den kreativen Prozess bezieht. Ein wunderbares Gefühl, wenn die Aufgabe, die Idee auf einen zukommt und man ihr freimütig geben kann, was sie verlangt: Schmerz, Hysterie, Stimme und Körper, Grenzgänge, Verklemmungen, Unberechenbarkeit. Aber man müsste ein psychischer Übermensch sein, um diese Verwundbarkeit immer rechtzeitig abzustellen, wenn sie anfängt, Schaden anzurichten. Das Ziel ist es, möglichst versiert darin zu sein, hinein- und wieder herauszufinden.

**Das nenne ich die „Achillesferse der Künstler": im Moment des Kreierens jederzeit offen zu sein, für jedermann zugänglich, immer ansprechbar, emotional empfänglich und bewegbar – und dabei verletzlich. Kreative, die versuchen, diese Achillesferse zu verleugnen, um sich vor Verletzung zu schützen, sägen den Ast ab, auf dem sie sitzen.**

Betrachten wir einmal die praktische Arbeit am Theater: Ein Schauspieler kommt pünktlich zum Probenbeginn auf die Bühne, der Text sitzt. Nun gilt es, sich den Vorstellungen des Regisseurs oder der Regisseurin zu öffnen. Er geht in die Szene hinein, mobilisiert z. B. Schmerz und Tränen. Nach dreißig Sekunden wird abgebrochen: *„Sag mal, was ist denn mit dir heute Morgen los? Ist ja alles weg, was gestern noch da war! Fang nochmal an!"* Wenn er jetzt stark genug dazu ist, fühlt er sich angespornt und macht im nächsten Durchlauf alles besser. Aber was, wenn nicht? Oder nehmen wir einen günstigeren Fall an. Er kommt pünktlich zur Probe, der Text sitzt. Er stürzt sich leidenschaftlich in die Szene hinein, zeigt große emotionale Tiefe. Er schreit, er weint, er schwitzt und beendet nach zehn Minuten glücklich und zufrieden diesen Durchgang und hört nun von unten: *„Das war super! Großartig! Genau so hatte ich mir das vorgestellt. Gut, dann gehen wir gleich noch mal da rein und* *schauen dann weiter…"* Und dieser Vorgang wiederholt sich innerhalb eines Probentages dann bis zu 50 Mal. Worauf will ich hinaus?

**Emotionale Erschöpfung ist in kreativen Berufen vorprogrammiert.**

Arbeitgebern kann das egal sein, schließlich werden Kreative (manchmal jedenfalls) dafür bezahlt, d. h. von dort können sie in der Regel keine Hilfe erwarten. Wenn Kreative nach einer Kränkung dem menschlichen Reflex nachgeben und sich nach außen hart machen, haben sie nicht mehr ihr notwendiges Arbeitsmaterial zur Verfügung. Sind sie allerdings emotional ständig auf Empfang, besteht die Gefahr, dass sie überreagieren – die Außenwelt quittiert das dann mit dem Klischee des verrückten Künstlers. Was kann man tun?

## Neun Tipps für den Umgang mit Verletzlichkeit

**1. Sorgen Sie dafür, dass Sie sich in Ihren Gefühlen gut auskennen!**
Gespenster, die wir kennen, erschrecken uns weniger. Versuchen Sie, einen Blick dafür zu entwickeln, wer oder was Ihnen hilft und wer oder was Ihnen Kraft nimmt. Legen Sie eine Liste mit zwei Spalten an: Auf der einen Seite notieren Sie, was Sie stärkt, was Ihnen hilft, was Sie inspiriert, Ihnen Mut macht (Menschen, Situationen,

Einflüsse, Umstände, innere Stimmen etc.). Auf der anderen Seite das Gegenteil: Was hemmt Sie, beschämt Sie, raubt Ihnen den Glauben an sich, verhindert, dass Sie sich nach außen trauen? Nun kommt der schwierigste Teil: Nehmen Sie sich beim Wort und umgeben Sie sich zukünftig mehr mit der stärkenden Seite und versagen Sie den hemmenden Kräften den Zugriff auf Ihre Person. Begegnet Ihnen in der Arbeit ein Element von der einen oder von der anderen Seite, werden Sie darauf vorbereitet sein. Sie werden wissen, warum Ihnen etwas schwerer oder leichter fällt, Sie so oder so beeinflusst, und es sich nicht zum Vorwurf machen bzw. es verstärkt aufsuchen.

**2. Lernen Sie, erste Anzeichen von Erschöpfung zu erkennen und gönnen Sie sich rechtzeitig Auszeiten!**
Wer keine Kraft mehr hat, ist anfälliger für Verletzungen. Zu kreativer Arbeit gehört auch, länger und intensiver zu arbeiten als es kräftetechnisch vorteilhaft ist. Es wäre unrealistisch, Kreativen gegenüber eine Empfehlung auszusprechen, immer danach zu entscheiden, ob sie sich gerade noch topfit fühlen oder nicht. Es muss eher darum gehen, in den probenfreien, auftragsfreien Zeiten, vor oder nach Vorstellungen oder Stresszeiten, eine Baseline des guten Umgangs mit den eigenen Kräften zu entwickeln – dann lassen sich Ausnahmen davon gut verkraften.

**3. Unterscheiden Sie zwischen „Markieren" und „Ausagieren"!**
Im Opernbetrieb ist die Unterscheidung zwischen Markieren und Aussingen eine Technik, die angewendet wird, um die Stimme zu schonen. Es muss allerdings

technisch gut beherrscht werden: Markieren bedeutet, technisch sauber zu singen, ohne jedoch die volle dynamische Bandbreite einzusetzen. Da die stimmliche Unversehrtheit im Opernbetrieb einen besonderen Schutz erfährt, muss kein Sänger lange diskutieren, wann er markiert oder aussingt. Es ist eine sinnvolle Methode, die Kräfte zu schonen, wenn es um technische oder bürokratische Belange geht und kreative Prozesse im Hintergrund stehen. Überprüfen Sie also, wann Ihr voller Einsatz gefragt ist – physisch und psychisch – und wann Sie eher analytisch oder im Überblick agieren ohne allzu große emotionale Beteiligung. Ihre Verletzlichkeit (oder wie Psychologen sagen würden: affektive Schwingungsfähigkeit) ist ein besonderer Schatz. Dass Sie sie einzusetzen verstehen, ist Ihr Alleinstellungsmerkmal als Kreativer. Werfen Sie damit also nicht um sich, wie es in Fernsehshows mit Wettbewerbscharakter geschieht. Dort wird ein großes Talent innerhalb weniger Minuten zu einer Rodeo-Attraktion und ebenso kurzlebig. Haushalten Sie so gut damit, dass Sie jederzeit, wenn es wirklich gefragt ist, darauf zurückgreifen können.

### 4. Allein das Wissen um Ihre Achillesferse stärkt Sie im Umgang damit

Das Wissen um die Bedeutung Ihrer feinen Antennen und Ihres emotionalen Reaktionsvermögens gibt Ihnen Rückhalt, wenn ahnungslose Außenstehende von Ihnen fordern, immer 100 % oder gar 150 % zu geben. Menschen verfügen nur über 100 % und die können sie nur unter bestimmten Umständen zur Verfügung stellen. Sie müssen also nicht immer 100 % geben, sondern dafür sorgen, dass die Umstände optimal dafür sind, dass am Ende 100 % herauskommen. Sie sind der Einzige, der ein echtes Interesse daran hat, dass Ihre Substanz erhalten bleibt – Ihre Arbeitgeber interessieren sich nur dafür, solange der aktuelle Auftrag noch erfüllt werden muss. Sie allein sind der Experte für Ihre Achillesferse – wann und wie muss ich mich öffnen bzw. schützen? Setzen Sie dieses Wissen strategisch in Ihrem Interesse ein.

## 5. Lernen Sie wie Hochleistungssportler Ihre persönliche Leistungskurve kennen

Sie kennen einen Termin, zu dem Sie vollen emotionalen Einsatz bringen und damit auch hohe Verwundbarkeit in Kauf nehmen wollen? Eine Premiere steht an? Oder ein wichtiges Casting, eine Präsentation, eine Abgabe? Oder das ganz besondere Probespiel für ein renommiertes Orchester? Dann behandeln Sie sich wie einen Olympioniken. Erfährt ein Sportler von seiner Qualifikation zu einem wichtigen Wettkampf, wird er nicht sofort 24 Stunden am Tag sieben Tage die Woche trainieren, sondern gut planen, wann welche Trainingseinheit Sinn ergibt und ein optimales Endergebnis verspricht. Wann brauchen Sie Ruhe, wann Adrenalin? Das ist individuell verschieden. Beziehen Sie sowohl Ihre inneren Bewegungen aber auch die äußeren Umstände mit ein und entwickeln Sie einen entsprechenden persönlichen Fitnessplan, der Körper, Geist und Seele berücksichtigt. Partner, Freunde, Eltern und Kinder Kreativer stöhnen in der Regel, wenn eine große Herausforderung ansteht. Merken sie, dass Sie die Vorbereitungszeit nach einem bestimmten Ablauf gestalten, wird es ihnen leichter fallen,

Sie dabei zu unterstützen und Ihre schwachen Nerven in dieser Zeit zu ertragen.

## 6. Halten Sie sich nicht für unbegabt, wenn die Gefühle einmal nicht so wollen, wie Ihre Aufgabe es verlangt

Sie wären gerne bereit, alles an Emotion und Verwundbarkeit zu geben, nur leider fühlen Sie sich hohl und leer? Menschen können starke Gefühle nur über einen begrenzten Zeitraum hinweg empfinden, dann klingen sie natürlicherweise ab. Diese Tatsache macht man sich z. B. bei der Therapie von Angststörungen zunutze. Das heißt auch Kreative, die in hohem Maße von starken Gefühlen angetrieben werden, müssen damit umgehen, dass die verlangten Gefühle einmal mehr und dann wieder weniger vorhanden sind. Das ist zunächst kein Problem. Ein Problem ergibt sich daraus erst, wenn Kreative als Folge einer vorübergehenden inneren Leere an ihrem Können zweifeln. So entstehen Verspannungen, die eine emotionale Bewegung zusätzlich erschweren. Daraus kann ein Teufelskreis entstehen. Sollten Ihre Gefühle also einmal nicht so wollen, wie es die Aufgabe verlangt: Am ehesten lösen Sie diese Verspannung oder die Leere, indem Sie sie akzeptieren und sich für einen Augenblick „auf null" setzen, d. h. nichts erwarten. Denn die gute Nachricht ist: Genauso sicher, wie Gefühle nach einem hohen Level abklingen, ist es auch, dass sie nach einer Latenzphase wieder voll zur Verfügung stehen.

## 7. Kompetenz ist ein wirksamer Schutz

Beherrschen Sie Ihr Handwerk! Stehen Sie mit schlechtem Gewissen vor dem Arbeitgeber oder den Kollegen, weil Sie die Vorbereitung oder das Training vernachlässigt haben, machen Sie sich zur Zielscheibe. Und zwar nicht (nur) für äußere Geschütze, sondern v. a. für innere. In der Regel sind Kreative selbst ihre schärfsten Kritiker und lassen auch dann kein gutes Haar an ihrer Leistung, wenn die Umwelt längst zufrieden ist. Stellen Sie also sicher, dass Sie zur Arbeit alles mitbringen, von dem Sie glauben, dass Sie es dort brauchen werden: Lernen Sie Ihren Text, Ihre Choreografie, Ihre Stimme, gehen Sie Abmachungen der letzten Teamsitzung oder Probe noch einmal durch. Mag sein, dass Sie trotzdem nicht alles parat haben, aber Sie stehen friedlich mit sich selbst auf der Bühne, vor oder hinter der Kamera oder im Team und können sich entspannt sagen: *„Ich habe alles versucht, mehr war nicht drin"*. Es minimiert den Druck und lässt Sie dadurch offen bleiben für Anregungen oder Kritik von außen.

**8. Vergleichen Sie sich nicht mit anderen!**
Keine Gefühlswelt ist besser oder schlechter als die andere, jeder Mensch ist einzigartig; seine Herkunft, seine Erfahrungen, seine genetische Disposition und seine Umwelt haben ihn geprägt.

### Fallbeispiel Edita

An dieser Stelle möchte ich von Edita erzählen. Sie schrieb mir: *„Bisher war ich zufrieden mit meinem Studium, aber die Zweifel, ob ich denn mein Leben danach bestreiten kann, zermürben mich. Ich glaube, dass ich eigentlich das Talent und die Fähigkeiten habe, um als Sängerin auf der Bühne zu stehen. Vielleicht können Sie mir helfen."* Als ich Edita das erste Mal traf, hatte sie sechs Monate des

Rückzugs hinter sich. Sie wollte morgens nicht mehr aufstehen, beantwortete keine Mails, ging nicht mehr ans Telefon, pausierte im Studium und war aus der Stadt, in der sie studierte, wieder zurück zu ihren Eltern gezogen. Während unseres ersten Gespräches weinte sie beinahe ununterbrochen. Im Vordergrund ihrer Befürchtungen stand die Angst, die ihr wichtigsten Menschen in Zukunft zu enttäuschen: ihre Eltern und ihren Freund. Zum Zeitpunkt unseres Treffens hatte sie bereits mehrere Ärzte und einen Neurologen konsultiert. Letzterer hatte ihr einen Berufswechsel empfohlen. Sie erzählte mir von ihrem Studium: Sie bewunderte ihre Gesangslehrerin sehr, hielt sie für den Inbegriff einer Künstlerin. Sie hatte Edita immer wieder gesagt, wie wichtig es sei, genügend Leidenschaft für diesen Beruf mitzubringen. Der Beruf sei hart, man müsse in der Lage sein zu kämpfen. Edita war ein sehr sanfter Typ, lyrischer Sopran mit einem romantischen Blick auf das Leben. Ihre Gesangslehrerin – eine lateinamerikanische Mezzosopranistin – vor Augen war sie sicher, diesen Beruf nicht ausfüllen zu können, weil sie nicht leidenschaftlich genug sei. Ich machte sie darauf aufmerksam, dass sie nun bereits ein halbes Jahr lang eine tiefe Krise durchleide und dass ich mich fragen würde, wie viel mehr an Leidensfähigkeit man erwarten könne. Und was habe ich ihr geraten? Zunächst einmal gar nichts. Denn der Weg eines Künstlers ist – und gerade das macht ihn schließlich attraktiv – nur individuell zu betrachten. Insofern galt es herauszufinden, wer Edita war. Wo lagen ihre Stärken, wo ihre Schwächen? Dass sie eine empfindsame, talentierte, leidenschaftliche, disziplinierte, intelligente, verantwortungsbewusste und v. a. noch sehr junge Frau war, die hundert Kilometer des Weges nicht scheute, um sich Hilfe bei mir zu holen, war ihr nicht (mehr) bewusst. Ihre Sicht auf sich und diesen Beruf war im Zuge der Überforderung mit Bühnenprojekten, anstehenden Prüfungen, Selbstzweifeln und Zukunftsängsten einseitig geworden. Zudem hatte sie das Gefühl, dass niemand aus dem künstlerischen Metier ihre Fragen ehrlich beantwortete.

## 2 Die Achillesferse des Künstlers

Mit Edita zu arbeiten, war eine Freude – wie es bei den meisten Kreativen der Fall ist. Denn ihre Kreativität, ihre Fantasie und ihre Offenheit machten es uns leicht, ihre Balance wieder herzustellen. Sie erinnerte sich an die vielen nicht-monetären Ziele, die sie mit ihrer Berufswahl verfolgte wie z. B. ihrem Leben „Glanz verleihen zu wollen". In einem Gespräch mit ihren Eltern stellte sich heraus, dass sie sehr stolz auf das Talent ihrer Tochter waren und ihre Besorgnis einzig und allein Editas Wohlbefinden galt – mit oder ohne „anständigen" Beruf. Sie durfte mir alle (auch sehr persönlichen) Fragen stellen, die ihr auf dem Herzen lagen wie z. B.: Kann man in diesem Beruf Kinder haben? Wie geht man mit emotionaler Kälte und Einsamkeit um? Wie findet man seinen Weg? Bald unterhielten wir uns nicht mehr darüber, wer ihre Gesangslehrerin war, sondern darüber, wer sie als Künstlerin war, wie sie dafür litt und wo ihr Platz in diesem Beruf sein könnte. Nach unserem zweiten Gespräch schrieb sie: *„Ich bin heute quer durch meine Vergangenheits- und Zukunftsbilderwelt spazieren gegangen. Seit unserem Gespräch erinnere ich mich plötzlich wieder an meine Stärken und meine Schwächen. An die Gründe, warum ich heute da bin, wo ich stehe. Warum ich mein Studium angefangen habe. Gepuscht vom Erfolg, den ich in der Heimat verbuchen konnte, getrieben von der Spielfreude auf der Bühne, begleitet von anderen Künstlern, die selbst diesem Beruf verfallen sind. Geholfen hat mir die Idee, mir einen befristeten Zeitraum zu geben, in dem ich die Schritte in die Berufswelt richtig ausprobieren kann. Aber bin ich nicht schon weit gegangen? Lohnt es sich für mich, mich durch die Ausbildung zu kämpfen... ich glaube ja!"* Edita begann sehr schnell, ihre Schritte zurück ins Studium zu planen und ist auch heute noch – vier Jahre nach unserer Begegnung – voller Elan (zwischenzeitliche Krisen selbstverständlich inbegriffen). Sie wechselte damals die Universität, schloss ihr Studium ab und arbeitet heute erfolgreich als Sängerin. Entscheidend für den Schritt aus der damaligen Krise war, die Entscheidung für diesen Beruf

> nach einer erneuten persönlichen Abwägung der Vor- und Nachteile als eine freie und ggf. auch revidierbare zu sehen und sich ihr individuelles Künstlerleben zu schneidern, das sie inspirieren und nicht zermürben sollte.

## 9. Vergessen Sie das wahre Leben nicht

Je besser wir uns in den vielen Facetten des Lebens verankert fühlen, desto konstruktiver können wir mit Verletzungen umgehen. Film- und Musikproduktionen, Stückverträge, Serien, Ensembles, Zweijahresverträge, Wettbewerbe, Ausschreibungen, Eigenproduktionen – kreative Projekte vereinnahmen in der Regel den ganzen Menschen. Es gibt wenig Trennung von beruflichem und privatem Leben. Viele Kreative schätzen genau das an ihrer Berufswahl. Sie brauchen keine Hobbys, sie müssen den Feierabend und das Wochenende nicht ersehnen. In der Studie „The Happy Artist" kann man nachlesen, dass die Zufriedenheit von Künstlern mit der Zahl ihrer Arbeitsstunden steigt (Steiner und Schneider 2012). Welcher Arbeitnehmer kann das von sich behaupten? Die Gefahr dabei ist, dass Kreative den Bezug zum Leben außerhalb des Projektes verlieren und das kann Gefühle der Verunsicherung, die innerhalb der Arbeit entstehen und auch entstehen müssen, verstärken. Hier hilft der Kontakt zum wahren Leben. Nicht nur, weil das wahre Leben den Inhalt liefert, sondern auch, weil es andere Bereiche der Persönlichkeit trainiert, die die

Bodenhaftung verstärken. Ein Beispiel dafür sind Künstler, die Eltern werden. Auf einmal geraten sie in den Zwiespalt, ihren Kindern ein ausbalanciertes Leben zu bieten, selbst jedoch psychisch und physisch große Herausforderungen zu suchen. Zu diesem Thema schrieb mir Max an die Zeitschrift ca:stmag, in der ich Schauspielerfragen beantworte:

> **Fallbeispiel Max**
>
> *„Ich werde in drei Monaten Vater und merke, dass ich auf einmal anfange, mir dieselben Sprüche aufzusagen, die ich in den letzten Jahren vor allem von meinen Eltern und Schwiegereltern gehört habe: „Wie willst Du eine Familie ernähren? Willst Du Deinem Kind den Klassenclown vorleben? Oder doch lieber einen Mann, der Verantwortung tragen kann? Werde erwachsen!" Zeigt sich jetzt, dass ich im Grunde meines Herzens doch kein Künstler, sondern ein Spießer bin?"*
>
> Meines Erachtens sollte das kein Widerspruch sein, sondern im Gegenteil eine Chance zur Reifung und Stärkung im Umgang mit dem künstlerischen Beruf. Und so antwortete ich ihm:
>
> „Die Elternschaft verändert uns entscheidend. Sie konfrontiert uns mit unserer eigenen Herkunft, mit den Werten, die wir einmal vermittelt bekamen, die wir als Kinder zunächst übernommen und von denen wir uns dann emanzipiert und eigene entwickelt haben. Auf einmal hören wir uns Sätze sagen, die wir bisher nicht in unserem Repertoire vermuteten: *„Sieh zu, dass Du Deine Existenz auf ein gutes Fundament stellst." „Mach Deine Hausaufgaben, räum' Dein Zimmer auf, sitz gerade, die Gabel hält man so und diese Worte will ich von Dir nicht hören."* Kreative Hochphasen zwischen Mitternacht und dem Morgengrauen, hitzige Diskussionen über kulturpolitische Entscheidungen und erkenntnisreiche Selbsterfahrung in Workshops

weichen (vorübergehend!) festen Essenszeiten, Gesprächen in der Krabbelgruppe über Weichmacher in Spielzeugen und der Sehnsucht nach Bettruhe vor 23 Uhr. Was früher lächerlich und unnötig erschien, bekommt nun eine andere Bedeutung. Zu Recht. Denn diese sog. „spießigen" Vorstellungen entspringen sinnvollen Zielen. Sie wünschen sich für Ihr Kind, dass es möglichst sorgenfrei aufwächst, einen anerkannten Platz in der Gesellschaft einnimmt, dass es „nicht durchmachen muss, was ich durchgemacht habe". Auf einmal stehen nicht mehr Sie selbst, sondern ein anderes Wesen und dessen Bedürfnisse im Vordergrund – das ist gerade für Künstler gewöhnungsbedürftig. Aber zu dieser Entwicklung gibt es nur zwei Alternativen: Entweder Sie glauben, über jeden Zweifel erhaben zu sein, oder es ist Ihnen gleichgültig, wie es Ihrem Kind ergeht. Dann doch lieber riskieren, auch mal ein „Spießer" zu sein, oder?

Ich meine eher, dass Sie folgerichtig auf den anstehenden Umbruch in Ihrem Leben reagieren: Sie ziehen Bilanz und beginnen damit bereits jetzt, Verantwortung zu übernehmen. Das ist der Situation angemessen. Allerdings sollten Sie auch die positiven Aspekte Ihres bisherigen Lebens einbeziehen. Sie haben sich für einen Beruf entschieden, der zwar eine unsichere Existenz, aber auch viel Freiheit, Kreativität, Selbstentfaltung und täglich Neues beinhaltet. Warum sollte das kein gutes Vorbild sein? Lassen Sie sich von der anstehenden Vaterschaft ruhig inspirieren: Gehen Sie mit den bisherigen (materiellen und ideellen) Ergebnissen Ihres Berufslebens kritisch ins Gericht, nutzen Sie den Kräfte- und Zeitmangel zur Schwerpunktsetzung, sehen Sie, wie die neue Verantwortung Ihnen für Verhandlungen und Entscheidungen ein größeres Selbstbewusstsein verleiht. Und bedenken Sie, dass Sie nicht allein damit sind, wenn Ihr Kind Sie hinterfragt. Nehmen Sie es also mit Humor, wenn es Sie – wie mir ein Schauspieler vor einiger Zeit erzählte – fragt: *„Papa, was möchtest Du eigentlich werden, wenn Du groß bist?"*

## 2 Die Achillesferse des Künstlers

Mit Ihrer Achillesferse – also der besonderen Emotionalität, Sensibilität und auch Labilität – haben Sie sich nicht nur einen potenziellen Entzündungsherd eingefangen, den es im Zaum zu halten gilt, sondern Sie nennen damit einen Schatz Ihr Eigen, den es zu schützen gilt, weil er sehr zerbrechlich ist. Die Achillesferse ist eine nützliche Ressource,

- um ein lebendiges, emotionales Leben zu führen,
- um andere Menschen verstehen zu können,
- um gesellschaftlichen Missständen nicht gleichgültig zu begegnen,
- um Freunde und Partner zu sein, die nie langweilig werden,
- um engagierte Eltern zu sein,
- um in anderen Menschen durch ihre Arbeit Gefühle wachzurufen,
- um nie zum „alten Eisen" zu gehören etc.

Katharina Thalbach hat einmal gefragt: *„Warum macht man sich freiwillig so viel Angst?"* (2010). Wir könnten auch fragen: Warum macht man sich freiwillig so viel Lust? Wut? Albernheit? Warum so viel Enttäuschung? So viele erotische Kicks und Höhenflüge? Warum so viele Abstürze? Es gibt das eine nicht ohne das andere. Und insgesamt machen Kreative keinen schlechten Deal: Die große Mehrheit von ihnen möchte ihren Beruf jedenfalls nicht gegen einen anderen eintauschen, der mit weniger

Hürden, mehr Geld und besserer Sozialabsicherung verbunden ist.

**Fazit?**
**Lernen Sie, sorgsam mit sich umzugehen. Der erste Schritt ist, sich der eigenen Achillesferse gleichermaßen als Stärke und als Schwäche bewusst zu sein.**

# 3
# Die dritte Person
## Anbieten ohne Anbiedern

Die „dritte Person", wie ich sie nenne, taucht in Situationen auf, die ein Künstler nicht eindeutig seiner Privatperson oder seiner kreativen Person (also ihm als Kreativen im Moment der Berufsausübung) zuordnen kann. Klassische Situationen sind der Brunch der Agentur, das Vorzimmer eines Castings oder einer Audition, Premierenfeiern, private Feiern mit beruflich interessanten Personen, das kurze Gespräch mit dem Regisseur, der einen vor Drehbeginn kennenlernen möchte, Messen, Alumni-Treffen oder zufällige Begegnungen mit potenziellen Arbeitgebern. Es ist egal, ob es unverhofft oder nach drei Monaten Planungszeit geschieht – ist die dritte Person im Einsatz, läuft es meistens suboptimal. Im Gegensatz zu einem Einsatz der beiden anderen.

Die erste Person – die Privatperson – kommt zurecht. Selbst wenn sie nicht zurechtkommt, geschieht dies als lebendige Folge einer Situation, einer Phase oder eines Geschehnisses. Es geht ihr nicht gut, wenn sie belastet ist, sie ist genervt davon, wenn ihr etwas nicht gelingt, sie mag auch mal übermüdet sein, neben sich stehen oder ratlos sein, wie etwas einzuordnen ist. Aber all das ist ein Teil von ihr und damit authentisch. Ihr Verhalten ist ein Spiegel ihrer Persönlichkeit – das mag nicht immer angenehm für sie und ihre Umwelt sein, aber die Privatperson besteht aus unendlich vielen Farbnuancen und mit jedem weiteren Jahr Lebenserfahrung lernt sie diese Facetten besser kennen. Zum Zeitpunkt des Eintritts in die Berufsausbildung oder das Berufsleben ist sie schon viele Jahre mit sich unterwegs gewesen und das dabei entstandene Erfahrungswissen setzt sie ein.

Die beruflich kreative Person kommt auch zurecht. Sie zeichnet, singt, spielt, fotografiert, lernt Texte, probt, entwirft, gestaltet, präsentiert. Auch das kann besser und schlechter gelingen, aber sie arbeitet zielgerichtet aufgrund vorhandener Kompetenzen. Passieren Fehler oder wird ihre Arbeit nicht geschätzt, ist die Verzweiflung groß, aber nachvollziehbar und mit prallem Leben gefüllt. Auch sie ist kongruent mit der Situation. Sie beschäftigt sich intensiv damit, Anforderungen einschätzen und gerecht werden zu können und baut durch jede Erfahrung ihren Wissenspool weiter aus. Daher freut sie sich in der Regel über Bewährungsproben.

Beide Personen sind mit ihrem Bereich und sich gegenseitig vertraut. Sie wissen recht gut um ihre Stärken und Schwächen und wechseln einander ohne große

## 3 Die dritte Person

Reibungsverluste ab. Sie kennen Mittel und Wege, ihre jeweiligen Aufgabenstellungen zu bewältigen, oder arbeiten daran.

Die dritte Person ist im Vergleich zu den anderen beiden ein Schatten. Schemenhaft angelegt, grob gezeichnet, wenig sozial kompetent. Sie fühlt sich, als ginge sie auf Eiern oder auf dünnem Eis. Sie würde am liebsten nicht gebraucht werden, sie verfügt über wenig Selbstreflexion und wenn doch, dann bewertet sie meist einseitig negativ. Das Problem dabei: Sie ist ziemlich mächtig. Sie hat das Leben der beiden anderen in der Hand. Haut sie daneben, fühlen sich die beiden anderen vorgeführt. Schlimmer als ein peinliches Elternteil kann sie den mühsam erworbenen Ruf der beiden anderen ruinieren. Ein peinliches Elternteil wird immer als ein Elternteil erkannt. Die dritte Person hingegen ist ein Drilling der beiden anderen – niemand kann wissen, dass die sich gerne von ihrem Geschwister distanzieren würden. Dass sie der Meinung sind, dass sie nicht in ihrer Liga spielt. Ihr unbeholfenes Verhalten, ihre liebedienerische Art, ihr schwaches Stimmchen, ihre Unfähigkeit, den Armen eine sinnvolle Aufgabe zu geben, die vielen Füllwörter in ihrer Rede, das schlechte Erinnerungsvermögen (v. a. an die Stärken der kreativen Person), der Mangel an Charme und Ideen, das rundherum amateurhafte Gehabe – all das ist weit unter der Würde von Person eins und zwei. So stümperhaft, wie die dritte Person sich aufführt, würden die beiden anderen sie gerne ignorieren oder zur Adoption freigeben. Das geht aber nicht. Sie brauchen sie zur Kommunikation. Denn:

**Arbeitgeber sprechen ausschließlich mit der dritten Person.**

Die Privatperson interessiert nur in privatem Zusammenhang und die beruflich kreative kann gar nicht sprechen (z. B. bei den bildenden Künstlern, Autoren oder Grafikern) oder nur professionell (z. B. bei Schauspielern oder Moderatoren). Die dritte Person ist die Ansprechpartnerin. Aber warum – fragen sich Arbeitgeber – engagieren Privat- und Kreativperson für diese verantwortungsvolle Position dermaßen ungeeignete Kandidaten? Oder die besonders unbegabten dritten Personen sind ihnen geradezu willkommen – die lassen sich leicht verunsichern, schnell beherrschen und verhandeln zu ihren Ungunsten. Kreative Personen können manchen Verhandlungspartner durch ihre Kompetenz und Strahlkraft einschüchtern. Dann lieber mit der dritten Person verhandeln. Aber es gibt auch den anderen Fall: dass potenzielle Arbeitgeber oder Jurymitglieder empathisch mitleiden, wenn die dritte Person erscheint und alle erwartungsvollen Illusionen im Keim erstickt. Wenn sie zusehen, wie die kreative Person sich bemüht, diesen Eindruck durch den Auftritt in Vergessenheit geraten zu lassen. Denn ein Rest bleibt: *„Singen kann er! Aber wenn er sich im Ensemble so zeigt wie eben?" „Sie ist phantastisch vor der Kamera! Aber wir können sie ja zu keiner PR-Veranstaltung schicken." „Überredet ihn, bei der Vernissage zu Hause zu bleiben. Die Bilder sind so toll; wäre doch schade, wenn wir nichts verkaufen."*

Wie können Künstler für sich selbst das geeignete Sprachrohr werden? Auf eine Weise, die ihnen angenehm ist? Sie müssen

1. sich selbst die Erlaubnis zum Wohlfühlen erteilen,
2. die dritte Person mit einer klaren Haltung und konkreten Aufgaben ausstatten und

3. erste, zweite und dritte Person als strategisches Team einsetzen.

Kreative sollten den Zusammenhang zwischen ihrer Gefühlswelt und ihrer Schaffenskraft erkennen. Sie müssen verstehen, dass es legitim und hilfreich ist, sich das Selbstmarketing angenehm zu gestalten. Denn Künstler laufen zur Höchstform auf, wenn sie sich in ihrer Art und ihrem Tun angenommen fühlen. Dieses Wohlgefühl macht es ihnen leicht, anderen den Zugang zu sich zu erlauben. Fotografen, die Bewerbungsporträts erstellen, wissen das gut: Schaffen sie es, ihren Modellen diese Atmosphäre zu vermitteln, werden die Bilder gut. Ich verstehe nicht, warum so selten mit dieser einfachen Wahrheit gearbeitet wird. Ich vermute, auch hier entfaltet der „Aua-Komplex" seine Wirkung: Man diskutiert lieber vermeintliche Schwächen und wundert sich später, warum man das anvisierte Ziel nicht erreicht hat. Um bei dem Beispiel der Fotosession zu bleiben:

*„Machst Du viel Sport? Du hast ziemlich kräftige Unterarme – wärest Du ein Mann, wäre das vorteilhaft, aber als Frau … das sollten wir jetzt nicht so in den Vordergrund bringen."*
*„Letzte Woche hatte ich ein Shooting. Also dieser Schauspieler war ja mal charismatisch! Das war wirklich ein Vergnügen, den zu fotografieren."*
*„Könntest Du vielleicht mehr … nein, warte, das ist auch nicht gut … vielleicht … nee, anders … es müsste mehr … entspann Dich einfach …"*
*„Zum Shooting sollst Du Dich anders anziehen. Lederjacke, Sommerkleid, hohe Schuhe – das kommt gut. Vielleicht*

*kannst Du Dir ja etwas leihen, wenn das nicht so Deinem Stil entspricht …"*

**Wohlfühlen ist kein Luxus sich selbst beweihräuchernder Amateure, sondern ein professionell zu nutzender Katalysator für gute Leistung.**

Ist die Erlaubnis zum Wohlfühlen erteilt, gilt es herauszufinden, unter welchen Bedingungen die Chancen am größten sind, dass erste und zweite Person freudvoll mit ihrem Drilling zusammenarbeiten. Wie sie gemeinsam stark sind.

Die dritte Person muss nachholen: Sie braucht eine Haltung, eine Stimme, eine Sprache und ein Repertoire, das ihre Stärken glänzen lässt. Sie sollte sich fragen: Wofür möchte ich mich gerne einsetzen? In welcher Umgebung fühle ich mich richtig? Welchen Zielen verpflichte ich mich gerne? Welches Image entspricht mir? Was fördert meine Spontaneität, meinen Elan, meine Authentizität? Wofür kann ich mich begeistern? Wo kann ich mich auch mal verweigern? Dann rückt sie schon näher an die beiden anderen Personen heran und fühlt sich in einer Bewerbungssituation nicht mehr mutterseelenallein, sondern weiß, was alle drei verbindet und auf welches Ziel sie gemeinsam hinarbeiten. Sie kann ihre Aufgabe in diesem Trio besser einordnen und fühlt sich nicht mehr ausgeliefert.

Hat sie sich diese Fragen noch nicht gestellt, trifft sie schutzlos auf eine wissende, knallharte Welt voller Bewertungen. Scheinbar hält sie nichts in der Hand außer einem bettelnden: *„Nehmt mich. Möglicherweise werdet Ihr es nicht bereuen – oder doch?"* Kein Wunder, dass dieses zarte

Pflänzchen anderen viel Platz dafür lässt, sie in Schubladen zu stecken. Hier eine Auswahl dessen, was sich meine Klienten anhören müssen:

*„Ich habe Sie neulich in einer Talkshow gesehen – viel zu unsicher! So nimmt Ihnen doch keiner den Liebhaber ab …"*
*„Wir haben Sie zum Vorsingen eingeladen, weil Sie auf der Bühne stehen sollen! Sie bekommen ja schon rote Ohren, wenn wir Sie nach Ihrem Namen fragen!"*
*„Tut mir leid, dass Du Dich hier schlecht fühlst, aber so ist das: wir nehmen hier alle kein Blatt vor den Mund. Nimm es nicht persönlich."*
*„Sobald Ihr die Wohnungstür hinter Euch zu macht, seid Ihr nicht mehr privat!"*
*„Ich mache mir als Agentin die Mühe und veranstalte diesen PR-Event für Euch und dann präsentiert Ihr Euch so schillernd wie trockene Brötchen!"*
*„Das ist eine Kunstmesse – ja. Aber Ihr müsst Euch schon mit den Besuchern unterhalten und von Euch erzählen – Ihr seid doch die Himbeere auf der Torte!"*
*„Du warst nicht auf der Berlinale? Du nimmst Deinen Beruf wohl nicht ernst!"*
*„Natürlich verkauft Kollege XY mehr Bücher als Du. Er hat ja auch ein total gewinnendes Wesen!"*

Neulich erzählte mir ein Schauspieler, dass er mit seinem Agenten darüber diskutiert hatte, welche Maßnahmen zur Akquise sinnvoll seien. Er versuchte zu erklären, warum ihm Selbstmarketing wie eine Art Prostitution erscheine und er sich bei diversen Werbemaßnahmen furchtbar fühle. Der Agent entgegnete: *„Der Wurm muss dem Fisch schmecken – nicht dem Angler"*.

Theoretisch hat er Recht. Aber ein Angler, der das Erbrechen bekommt, wenn er einen Wurm an den Haken steckt, der Albträume vom nächsten Angel-Event hat, der Depressionen bekommt, weil er glaubt, Angeln ohne Würmer sei sinnlos, ein Leben ohne Angeln aber auch, den wird dieser Satz wenig motivieren können. Nun könnte man ihm sagen: *„Es muss nicht jeder ein Angler sein. Probiere es doch mal mit Schachspielen!"* Aber was, wenn ihm existenziell am Angeln gelegen ist, er zudem angeln kann wie kein Zweiter und er seinen Lebensunterhalt damit bestreitet? Sollte er nicht auf Weißbrot oder Soja-Würmer zurückgreifen dürfen? Oder jemanden anstellen, der die Würmer für ihn aufspießt? Würde das Wurmthema einem Angler das Genick brechen?

Für Schauspieler ist das Thema Selbstmarketing eines der meistgehassten und eines der wichtigsten. Schauspieler begegnen ihrer dritten Person ständig und leiden massiv unter ihr. Daher ist es ein häufiges Thema in den Zuschriften an das Schauspielermagazin ca:stmag, in dem ich Fragen beantworte:

---

### Fallbeispiel Boris, 36

*„Ich bin jetzt seit zehn Jahren in dem Beruf und muss mich fragen, was das aus mir gemacht hat. Eigentlich bin ich kein Schauspieler, sondern ein Verkäufer, der ständig für sich selbst werben muss. Ich weiß ja, dass Klinkenputzen dazugehört, aber es fällt mir immer schwerer, die Caster, Regisseure oder Intendanten davon zu überzeugen, dass es sich lohnt, mich zu engagieren. Muss ich mich wirklich anbiedern, nur damit sich jemand auf meine Seite stellt und mir zu einer Chance verhilft?"*

## 3 Die dritte Person

„Anbiedern? Nein. Verwechseln Sie die Tatsache, dass Sie in diesem Beruf abhängig sind vom Wohlwollen anderer, nicht mit einem persönlichen Misserfolg. Anbieten? Ja. Kein Künstler hat es je zu etwas gebracht, ohne dass ihm geholfen wurde. Und diese Hilfe erfolgt immer aus subjektiven Motiven. Dazu gehört echte Begeisterung, aber auch befriedigte Eitelkeit. Der Übergang zwischen beiden ist manchmal – sowohl von Außenstehenden als auch von den Beteiligten selbst – schwer zu bestimmen. Hinzu kommt, dass der Schauspielberuf es mit sich bringt, die Rolle der Folgenden, Erfüllenden, Anbietenden zu übernehmen. Wenn es aber nach der Probe oder Vorstellung so weitergeht, ist die Dosis manchmal zu hoch. Deshalb ist es besonders wichtig, dass Sie sich nicht in den Bedürfnissen des Publikums oder potenzieller Arbeitgeber verlieren, sondern Ihren persönlichen inneren roten Faden finden und stärken. Tut es Ihnen weh, über Witze des Regisseurs zu lachen, die Sie nicht lustig finden? Dann lachen Sie nicht. Es stört Sie nicht? Dann machen Sie ihm die Freude. Eine starke Persönlichkeit mit klaren Grundsätzen wird ebenso geschätzt wie ein „schmeichelnder Untertan" – von jeweils verschiedenen Gegenübern. Sie selbst entscheiden, welches Verhalten Ihnen entspricht und authentisch ist. Das gilt für die Arbeit auf der Bühne und vor der Kamera ebenso wie im Vorzimmer eines Castingstudios oder beim Brunch Ihrer Agentur. Was würden Sie einem Schornsteinfeger sagen, der sich den ganzen Tag schämt, dass er so schmutzig ist? Schauspieler müssen ihre Person einsetzen, um andere Menschen für sich zu gewinnen. Aber diese Eigenwerbung kostet Kraft.

Selbstmarketing mag ein wichtiger Aspekt des Schauspielberufes sein, aber noch wichtiger ist die „Ware" selbst. Kompetenz ist der beste Schutz gegen Ablehnung und gleichzeitig eine Quelle für das Selbstbewusstsein. Sind Sie selbst davon überzeugt, dass Sie etwas zu bieten haben, kostet Sie das „Klinkenputzen" weniger Überwindung und damit weniger Kraft, die Sie für die eigentliche Arbeit benötigen. Konzentrieren Sie sich auf die Gestaltung Ihres „Produktes": Wo liegen Ihre Interessen als Schauspieler?

Könnten Sie sich spezialisieren? Was sind Ihre Ziele? Wo liegen Ihre Stärken? Wie können Sie an Ihren Schwächen arbeiten? Die Beschäftigung mit diesen Themen wird Sie motivieren, sich wieder zu präsentieren, ohne dass Sie es als reine Verkaufsstrategie empfinden. Und es wird Sie bei der Auswahl der Adressaten leiten. Fühlen Sie sich im experimentellen Theater zu Hause, lauert bei einem Vorsprechen im Boulevardbereich eher eine Niederlage. Wenden Sie sich also getrost zuallererst an diejenigen, die Ihnen wohlwollend gegenüberstehen: Pflegen Sie Ihre Fans, versorgen Sie potenzielle Unterstützer mit aktuellen Informationen, suchen Sie sich moralische Hilfe bei Freunden, Familie oder auch mal professionell, wenn es gilt, problematische Zeiten durchzustehen. Und nicht vergessen: Ihr Erfolg ist auch dann etwas wert, wenn er mit der Hilfe anderer zustande gekommen ist".

### Fallbeispiel Sascha, 34

*„Neulich ergab es sich, dass ich bei einer privaten Feier im kleinen Kreis einen bekannten Regisseur traf. Als wir uns nach vier Stunden verabschiedeten, hatte er nicht von mir erfahren, dass ich Schauspieler bin. Als ich das später im Kollegenkreis erzählte, kamen zu den Vorwürfen, die ich mir selbst gemacht habe, noch die der anderen dazu: ‚Wie gehst Du denn mit Deinem Beruf um?' Warum schaffe ich es nicht, solche Chancen zu nutzen?"*

„War es denn eine Chance oder sah es nur so aus? Schauspieler befinden sich in der schwierigen Situation, dass sie das Produkt, das sie verkaufen möchten, immer bei sich tragen. Das bedeutet auch, dass sie ständig in Versuchung sind, es anzubieten, wenn sich die Gelegenheit dazu bietet. Aus zwei Gründen sollten sie diesen Impuls aber skeptisch betrachten. Erstens: Würden Sie einem Versicherungsvertreter raten, bei jeder privaten Gelegenheit zu versuchen, sein Produkt an den Mann zu bringen? Wahrscheinlich nicht, da solche Verkaufsgespräche häufig als unangenehm empfunden werden und dann auch erfolglos bleiben. Zweitens gilt es für Schauspieler nicht nur abzuwägen, ob es sich lohnt, den Regisseur bei einem privaten Abendessen als potenziellen Arbeitgeber anzusprechen, sondern auch, welches Gefühl, welches Selbstbild das bei ihnen hinterlässt. Hier denken Schauspieler häufig nur bis zu dem Moment, in dem sie sich vorstellen – bei einem Casting, in einer E-Mail, einem Telefonat oder auch wie bei Ihnen auf einer privaten Feier. Was aber der Vorgang des Anbietens bei ihnen ausgelöst hat, wie die Summe der Situationen sich auswirkt, das zeigt sich meist erst später.

Bei vielen Schauspielern, die sich an mich wenden, ist die Wahrung der eigenen Würde, dass man ihnen mit dem Respekt begegnet, den man auch anderen Berufsgruppen erweist, ein zentrales Thema. Immer müssen sie andere von sich überzeugen, selten gibt man ihnen das Gefühl, dass sie gebraucht werden. Deshalb müssen sich gerade Schauspieler die Freiheit nehmen, auch einmal eine vermeintliche Chance auszulassen, um gesund, motiviert und mit sich selbst im Reinen zu bleiben. Das haben Sie offenbar intuitiv an diesem Abend so für sich entschieden. Sollten Sie nun im Nachhinein bemerken, dass der betreffende Regisseur Ihnen außerordentlich sympathisch war und dass Sie seine Filme sehr schätzen, dann können Sie ihm jederzeit auf dem offiziellen Weg Ihr Material zukommen lassen und sich auf das persönliche Kennenlernen berufen. Sollte er Ihr Gespräch in positiver Erinnerung haben, wird er es interessiert ansehen; ist das Gegenteil der Fall, hätten Sie ohnehin nichts erreicht.

Vielen Schauspielern wird beigebracht, dass sie in dem Augenblick, wenn sie ihre Wohnung verlassen, keine Privatpersonen mehr sein dürfen, wenn sie in diesem Beruf etwas erreichen möchten. Denken wir diesen Gedanken aber weiter, ergibt sich daraus ein Leben, das niemand lange erträgt. Denn gerade weil der Schauspielberuf von Ihnen ständig die Präsentation der eigenen Person verlangt, ist es wichtig, dass Sie sich in anderen Bereichen

> Ihres Lebens – auch außerhalb der Wohnung – von der Rolle des sich Anbietenden befreien. Nur so können Sie Ihr Lächeln, Ihre Begeisterung, Hingabe und Neugier – wunderbare Charakteristika von Schauspielern – immer wieder neu aus einem authentischen Interesse speisen und damit Ihr Gegenüber überzeugen. Verordnen Sie sich also immer wieder einmal Urlaub vom ständigen Selbstmarketing. So behalten Sie den Überblick, welche Chancen echt sind und welche nur wie Chancen aussehen. Und dann ergreifen Sie sicher die nächste – echte – mit dem notwendigen Elan."

An der dritten Person lässt sich sehr gut in der Gruppe arbeiten. Man kann wunderbar verdeutlichen, wie sie ihre Wirkung entfaltet und dass die große Mehrheit schon unter ihr gelitten hat. In einer Übung mache ich sie z. B. hörbar, indem wir das Vorzimmer einer Bewerbungssituation simulieren. Die Gruppe wird in drei Teile aufgeteilt: Ein Teil setzt sich in das simulierte Wartezimmer. Hinter jedem Stuhl steht jeweils ein anderer Teilnehmer und spricht den imaginierten inneren Monolog dessen, der vor ihm sitzt. Woher er ihn kennt und weiß, was er zu sagen hat? Weil alle ähnliche Monologe in sich tragen. Der dritte Teil der Gruppe schaut zu und amüsiert sich köstlich, wenn auf einmal Schatten lebendig werden. Vielleicht kommen Ihnen Gedanken wie diese bekannt vor:

*„Ich hätte Stiefel anziehen sollen. Warum habe ich keine Stiefel angezogen? Mit Stiefeln wirke ich viel größer und schlanker. Stiefel sind außerdem gerade „in"."*
*„Hier sind alle blond! Warum lädt man mich ein, wenn nur Blonde gesucht werden?"*

## 3 Die dritte Person

*"Ich sollte Medizin studieren. Ich sollte jetzt gehen und mir das Vorlesungsverzeichnis besorgen."*

*"Schau Dich doch mal um! Die anderen haben alle schon beeindruckende Referenzen. Na dann kann ich ja mal anfangen, mir eine Erklärung zu überlegen, was ich alles Tolles in den letzten Jahren gemacht habe. Da bin ich mal gespannt, was mir einfällt! Sie werden mich lieben!"*

*"Die schaut so. Die kann mich nicht leiden. Wenn die mich nicht leiden kann, wieso sollen die da drinnen mich dann leiden können? Die schaut immer noch so. Der auch. Wenn der mich nicht leiden kann, warum sollen ..."*

*"Ich bin nicht auf der Höhe. Wäre ich auf der Höhe, wäre ich toll. Aber so? Es hat keinen Sinn. Wenn ich nicht auf der Höhe bin, kann ich niemanden von mir überzeugen. Hätte ich besser geschlafen, wäre ich jetzt auf der Höhe. Ich komme wieder, wenn ich auf der Höhe bin."*

**Was wäre ein für Sie typischer Satz, der Ihnen in einer solchen Situation beständig im Kopf herumgehen würde?**

_____

_____

_____

_____

Ohne Unterlass könnten die Teilnehmer vor sich hin reden, der Stoff geht ihnen nie aus. Ganz anders sieht es aus, wenn ich sie bitte, drei Eigenschaften zu nennen, die sie an sich schätzen. Da wird es schnell still.

> **Welche drei Eigenschaften, die Sie an sich schätzen, hätten Sie genannt?**
>
> 1. _____
>
> 2. _____
>
> 3. _____

Eine zweite Übung ist dazu gedacht, die dritte Person auszuschalten, um zu zeigen, wie es ohne den (destruktiven) Beitrag der dritten Person wäre. Zu Beginn des Trainings bitte ich die Teilnehmer immer, sich in die Mitte des Raumes vor alle anderen zu stellen und kurz etwas über sich zu erzählen. In Wirtschaftskontexten ist eine ähnliche Übung als „Elevator Pitch" bekannt: *„Stellen Sie sich vor, Sie müssten innerhalb einer Fahrstuhlfahrt, die eine Minute dauert, Ihren Gesprächspartner von sich und Ihrem Projekt überzeugen"*. Das ist eine der meistgehassten Aufgaben und eine der häufigsten in ihrem Berufsleben. Jedes Casting, jedes neue Team, jeder Workshop kann eine solche Selbstvorstellung herausfordern. Es ist für Menschen, die beruflich nicht aus sich herausgehen müssen, vollkommen unverständlich, wie Menschen, die beruflich so schamlos sein müssen, hier wie verschämte Teenager erscheinen können. Das liegt an der dritten Person, der im Vorfeld zu wenig Beachtung geschenkt wird. Um sie nun auszuschalten, bitte ich die Teilnehmer, sich zu zweit zusammenzutun und dann nicht sich selbst, sondern den Partner vorzustellen. Die Aufgabe lautet, so gut wie möglich Werbung für den Partner zu machen. Welche Veränderung! Auf einmal kehren der Charme und das Blut in die Glieder zurück. Der Körper steht flexibel zur Verfügung, keine Versteifung der Gelenke und der Mimik mehr. Kein Gefühl des peinlichen Anbiederns, sondern eine gerechtfertigte Präsentation aller Stärken und bisheriger Erfolge. Das Ganze vorgebracht mit einem zielsicheren Gefühl für die richtige Dosis. Wie kann das sein?

**Probieren Sie es einmal aus!**

Mit einem Freund bzw. einer Freundin oder einem vertrauten Kollegen. Oder im Team? Zunächst 60 Sekunden Selbstvorstellung. Hier machen Sie die Bekanntschaft mit Ihrer dritten Person in Reinform. Und dann die Vorstellung des Partners.

> Nach der Partnervorstellung halten Sie fest:
>
> - Was war anders in der Haltung, in der Mimik, in der Gestik?
> - Welche Gedanken gingen Ihnen durch den Kopf?
> - Welche inneren Torpedos waren bei der Selbstvorstellung vorhanden und bei der Partnervorstellung verschwunden?

Kreative gehen zwar im Schaffensprozess ihres Werkes auf, lieben möglicherweise das Produkt, das sie erstellen, aber ihrer eigenen Person messen sie wenig Wert bei. Ich möchte mich an dieser Stelle nicht einreihen in die üblichen Spekulationen über die Hintergründe dafür *("zu wenig von den Eltern beachtet ...", "Alles Narzissten ...", "Borderliner!", "Manisch-depressiv!", "Irgendein Trauma steckt doch immer dahinter ...")*. Ich stelle nur fest, dass viele Kreative ihre dritte Person nicht für die eigenen Interessen einzusetzen wissen. Werben sie für andere, verlieren sie diese Probleme. Sie sollten anfangen, ebenso strategisch, lustvoll und zielorientiert für sich selbst zu denken.

Nun ist es so, dass ihnen auch nicht immer Nettes gesagt wird. Das kreative Metier ist stolz auf seinen unverkrampften Umgang miteinander. Dass hier die Uhren freier ticken und es im Arbeitsprozess menschelt. Das stimmt. Aber gibt man Menschen Freiraum für ihr Verhalten, nutzen sie ihn auch manchmal als Plattform für die Verarbeitung von Gefühlen, Konflikten und Problemen, die eigentlich woanders hingehören. Zum Leidwesen derer, die ihnen mit offener Achillesferse ausgeliefert sind.

## 3 Die dritte Person

**Fallbeispiel Lisa, 29**

„Ich habe gerade ein Theaterstück abgespielt. Schon während der Proben wurde ich heftig kritisiert. Da fielen Sätze wie: „Hast Du Deine Tage oder warum bist Du so scheiße?". Da der Regisseur die Abendregie machte, hörte das auch nach der Premiere nicht auf. Bis auf eine Kollegin distanzierten sich alle von mir und ich wurde von Tag zu Tag schlechter. Jetzt habe ich Angst vor der nächsten Produktion. Was kann ich dagegen tun?"

„Vielleicht kann es Sie trösten, dass die Gespräche, die ich mit Künstlern führe, voll sind von solchen Schreckensberichten. Ich möchte aber an dieser Stelle nicht über Profilneurosen und Machtfantasien philosophieren, sondern Ihnen etwas an die Hand geben, das Ihnen hilft, die Verletzung zu überwinden und beim nächsten Mal besser gerüstet zu sein.

Kritik sollte zu einem besseren Ergebnis führen. Das war bei Ihnen nicht der Fall und wurde trotzdem so beibehalten. War das Motiv dafür also wirklich Ihre Leistung? Oder ist der Regisseur Choleriker? Fühlte er sich von Ihnen als Frau abgewiesen? Darüber können wir nur spekulieren. Und selbst, wenn wir es wüssten: Sie würden doch immer den Makel an sich spüren, dass etwas an Ihnen nicht richtig, nicht gut war. Deshalb müssen Sie hier ansetzen und sich schützen lernen, um sich in der Arbeit wieder öffnen zu können. Wie? Zunächst einmal ist Kompetenz der beste Schutz: Beherrschen Sie den Text, gehen Sie Besprochenes nach der Probe noch einmal durch, wiederholen Sie unsichere Stellen allein, schlafen und essen Sie ausreichend. Eine gute Vorbereitung verleiht Ihnen schon einmal eine größere Standfestigkeit und eine sachliche Tonlage. Dann müssen Sie noch ein Rezept gegen die innere „Ich-bin-schlecht-Stimme" finden. Machen Sie sich Folgendes bewusst: Erstens, was gut ist, ist relativ. Gefallen Sie in einer Produktion nicht, gefallen Sie in einer anderen. Zweitens, sollte Ihnen etwas nicht gelingen, ist das kein Grund, Sie zu steinigen, sondern Sie so zu fördern, dass Sie sich

> verbessern. Greift der Regisseur Sie stattdessen unter der Gürtellinie an, zeigt dies, dass ihm andere Mittel fehlen.
> 
> Suchen Sie sich Arbeitspartner, mit denen die Passung stimmt – was den künstlerischen Stil anbelangt, aber auch die Art des Umgangs! Das wird nicht immer gelingen, sondern ist so erfreulich wie ein Geschenk. Genau wie Ihre Bereitschaft zur Hingabe. Der o. g. Regisseur hat Ihnen ein solches Geschenk nicht gemacht. Und Ihres hat er nicht verdient."

Nach der Partnervorstellung wiederholen wir die Casting-Vorzimmer-Situation. Jeder Teilnehmer, der nun als Casting-Anwärter auf dem Stuhl sitzt, bekommt einen anderen Teilnehmer, der sich ihm als dritte Person zur Verfügung stellt. Aber nun als dritte Person, die ihren Job beherrscht.

*„Ich hätte Stiefel anziehen sollen. Warum habe ich keine Stiefel angezogen? Mit Stiefeln wirke ich viel größer und schlanker. Stiefel sind außerdem gerade ‚in‘." „Ist die Stelle ausgeschrieben für eine ‚Schlanke' oder für eine Sängerin?" „Wir wissen alle, dass schlank gefragt ist." „Ja, Adeles Konzerte waren auch deshalb weltweit innerhalb von zwei Tagen ausverkauft, weil ihr BMI perfekt ist. Mit ihrer Stimme hat das nichts zu tun." „Das ist doch Unsinn." „Eben."*

*„Hier sind alle blond! Warum lädt man mich ein, wenn nur Blonde gesucht werden?" „Was stand in der Ausschreibung?" „Schauspielerin." „Blonde Schauspielerin?" „Quatsch."*

*„Ich sollte Medizin studieren. Ich sollte jetzt gehen und mir das Vorlesungsverzeichnis besorgen." „Gute Idee. Lass uns vorher noch kurz reingehen und uns vorstellen, okay?" „Muss das sein? Jetzt, wo ich weiß, dass ich Arzt werden möchte?" „Es kann ja nicht schaden, ein zweites Standbein aufzubauen*

## 3 Die dritte Person

*bei der Ärzteschwemme heutzutage." „Du nimmst mich nicht ernst!" „Nein, DU nimmst MICH nicht ernst!"*
*„Schau Dich doch mal um! Die anderen haben alle schon beeindruckende Referenzen. Na dann kann ich ja mal anfangen, mir eine Erklärung zu überlegen, was ich alles Tolles in den letzten Jahren gemacht habe. Da bin ich mal gespannt, was mir einfällt! Sie werden mich lieben!" „Ja, glaube ich auch." „Was?" „Dass sie Dich lieben werden. Ich jedenfalls finde Dich liebenswert." „Warum?" „Weil Du hier bist, obwohl es Dich so quält. Das zeigt, dass Du bereit bist, alles zu geben."*
*„Die schaut so. Die kann mich nicht leiden. Wenn die mich nicht leiden kann, wieso sollen die da drinnen mich dann leiden können? Die schaut immer noch so. Der auch. Wenn der mich nicht leiden kann, warum sollen …" „Kannst Du die denn leiden?" „Weiß ich nicht. Ich kenn die doch gar nicht." „Ach was."*
*„Ich bin nicht auf der Höhe. Wäre ich auf der Höhe, wäre ich toll. Aber so? Es hat keinen Sinn. Wenn ich nicht auf der Höhe bin, kann ich niemanden von mir überzeugen. Hätte ich besser geschlafen, wäre ich jetzt auf der Höhe. Ich komme wieder, wenn ich auf der Höhe bin." „Wie hoch denn?" „Hoch genug eben." „Wer sagt, wann die ausreichende Höhe erreicht ist? Ich weiß, dass Du Dein Handwerk so gut beherrschst, dass jede Form reicht, um ein gutes Ergebnis zu erzielen. Alles drüber ist dann noch ein Bonus." „Die anderen kommen mit Bonus." „Wissen wir das?" „Nein. Aber wir ahnen es. Sie sehen so aus." „Wie meinst Du das?" „Sie sehen motiviert aus." „Woran kannst du das denn sehen?" „Na, sie sehen so aus, als wären sie wirklich hinterher." „Hinter was her?" „Es ist ihnen total wichtig, ihr Bestes zu geben, voll auf der Höhe zu sein." „So wie Dir."*

Es entwickeln sich Dialoge, die den Teilnehmern im Gedächtnis bleiben und die sie für ähnliche Belastungssituationen im Hinterkopf behalten. Außerdem sind diese Rollenspiele immer komödiantisch, manchmal tragikomisch, aber niemals düster oder dramatisch. Der Druck der Teilnehmer entlädt sich in den Gruppentrainings in tränenreichem Lachen. Viele von ihnen haben mir rückgemeldet, dass sie in nachfolgenden Bewerbungssituationen innerlich schmunzeln mussten bei der Erinnerung daran und die Anforderung dadurch ihren Schrecken verloren hat.

> **Wie würde Ihr Dialog mit Ihrer dritten Person aussehen, wenn sie ihren Job als Unterstützer gut machen würde?**

## Wir basteln uns einen Mentor

Wir würden nicht jeden damit beauftragen, für uns zu werben. Wir unterscheiden uns auch hier in unserem Geschmack, welche Werbung wir persönlich für attraktiv, angenehm und Erfolg versprechend halten. Gestalten Sie Ihre dritte Person in Auftreten, Verhalten und Werbestrategie danach, was Ihnen entspricht. Wir fühlen uns schöner in Kleidung und Frisuren, die wir mögen. Wir finden amüsant, was unseren Humor trifft. Wir entspannen uns in Anwesenheit von Menschen, die uns in unseren Werten und der Art der Kommunikation entsprechen. All das sollten Sie im Hinterkopf haben, wenn Sie Ihrer dritten Person ein Gesicht, eine Haltung und eine Sprache verleihen möchten. Lassen Sie sich von niemandem aufs Glatteis führen: Sie selbst sind der Experte dafür, wen Sie für sich ins Rennen schicken. Sollten Sie Zweifel daran haben: Beobachten Sie Menschen, denen es Ihrer Meinung nach auf angenehme Weise gelingt, sich ins rechte Licht zu rücken. In der Regel haben sie einen Modus gefunden, bei dem sie sich nicht verbiegen müssen und spontan sie selbst sein können. Sicher sind sie auch in der Lage, einen Misserfolg verarbeiten zu können und sich zu sagen: *„Ich war hier und jetzt nicht der bzw. die Richtige für die Aufgabe. Das ist in Ordnung."* Sie wissen, dass gerade in künstlerischen, kreativen Prozessen die Passung stimmen muss, damit ein gutes Ergebnis entsteht.

Stellen Sie sich vor, Sie wollten Ihre beste Freundin, Ihren besten Freund, Ihren Partner, jemanden, dem Sie das Beste wünschen, optimal darin unterstützen, für sich selbst einzustehen und zu werben. Wie würden Sie das anstellen? Auf den folgenden Seiten finden Sie Vorschläge dazu. Ergänzen Sie sie damit, was Sie persönlich als stützend und hilfreich empfinden. Nennen Sie auch konkrete Erlebnisse, Namen, Bilder. Lesen Sie Ihre Sammlung in Abständen immer mal wieder durch und lenken Sie Ihre dritte Person damit auf den richtigen Kurs. Sie werden sehen: Sie kann von einer schädlichen Nervensäge und einem Jobkiller zum unentbehrlichen Mentor werden. Sie kann Ihr individuelles Trio aus Privatperson, Kreativperson und dritter Person zu einem unschlagbaren Team machen.

## Ich würde ihm bzw. ihr sagen, ...

... wo seine bzw. ihre Stärken liegen.
... das Leben geht nach diesem Termin weiter.
... Du stehst hier, weil Du fähig bist, diese Anforderung zu erfüllen.
... das hier ist keine Einbahnstraße. Auch Du darfst entscheiden, ob Du dieses Engagement attraktiv findest.
... Du bist nicht allein, ich gebe Dir Flankenschutz, weil ich finde, dass Du das verdient hast.

_____

_____

_____

_____

_____

_____

_____

_____

**Ich würde ihn bzw. sie davon abhalten, …**

… immer wieder Selbstzweifel aufzurufen.
… von Misserfolgen zu erzählen.
… sich überhöhte Ansprüche zuzumuten.
… sich mit anderen zu vergleichen.
… den Termin abzusagen.

## Ich würde dafür sorgen, dass er bzw. sie ...

... genug gegessen, getrunken und geschlafen hat.
... gut vorbereitet zum Termin geht.
... sich auf seine bzw. ihre Stärken besinnt.
... sich an Situationen erinnert, die er bzw. sie erfolgreich gemeistert hat.
... seinen bzw. ihren Sinn für Humor zur Verfügung hat.

**Ich würde vermeiden, ...**

... mich darüber auszulassen, was schiefgehen könnte.
... Beispiele anderer aufzuführen, bei denen etwas schiefging.
... ihn bzw. sie an Situationen zu erinnern, in denen etwas schiefging.
... mit Grabesstimme zu sprechen.

**Ich würde regelmäßig nachhaken:**

... Was hast Du im nächsten Jahr geplant?
... Wo willst Du in fünf Jahren stehen?
... Was musst Du JETZT tun, damit Du auf dem Weg dorthin bist?

_____

_____

_____

_____

_____

_____

_____

_____

_____

# 4

# Der persönliche Modus Vivendi
## „Der rote Faden, das bin ich."

Wenn ich meine Arbeit beschreiben soll, sage ich meistens: *„Ich entwickele mit jedem Klienten seinen persönlichen Modus Vivendi mit diesem Beruf – seine ganz persönliche Art, als Kreativer sein Leben zu gestalten, sodass er am Ende sagen kann, dass er damit zufrieden und ausgefüllt ist."* Das kann für den einen ein zweites Standbein sein und für den anderen darf es das auf keinen Fall sein. Oder es muss unbedingt eine Familie darin Platz haben oder nicht. Oder eine Großstadt oder nicht. Oder Freunde in der Nähe oder nicht. Oder Eigenproduktionen oder nicht. Oder Auszeichnungen, ein großes Publikum oder nicht. Es ist schade, wenn Künstler sich in der Gestaltung ihres persönlichen Lebensplanes von allgemeinen Kategorisierungen aufhalten lassen.

> *„Eigentlich möchte ich schreiben, aber dann bin ich am Ende irgendeiner, der eben auch ein Buch geschrieben hat."*
> *„Ich will in den USA arbeiten. Naja – wer nicht?"*
> *„Ich würde gerne singen, aber ich will nicht so eine singende Schauspielerin sein."*
> *„Ein Soloprojekt würde mich sehr reizen, aber gibt's davon nicht schon genug?"*
> *„Ich könnte auch noch studieren, das wollte ich immer. Aber ist das nicht total lächerlich in meinem Alter?"*

Das Einzige, was vorhanden sein muss, um ein Projekt ins Ziel zu bringen, ist die leicht narzisstische Überzeugung, dass es allein deshalb Sinn ergibt, weil man es tun möchte. Dieser Tunnelblick muss zumindest zu Beginn vorhanden sein. Dabei darf es natürlich nicht bleiben. Aber am Anfang handelt es sich um eine Idee, die wie ein zartes Pflänzchen behandelt und nicht zu vielen Wettereinflüssen ausgesetzt werden darf. Es bedarf aufopferungsvoller Pflege über lange Zeit hinweg. Eine überholte Weisheit? Nein. Immer noch orientieren sich Kreative viel zu sehr an den Endprodukten anderer Kreativer. Den Weg dorthin kennen sie nicht und beziehen ihn daher auch nicht in ihre Einschätzung mit ein. Wenn das Endprodukt vor ihnen erscheint, meinen sie zu oft, es wäre ohne große Kraftanstrengung aufgrund des Talentes, der besonderen Leistungsfähigkeit des Urhebers oder Glücks und Beziehungen entstanden. Das wahre Geheimnis ist profaner: Ergebnisse entstehen aus dem Tun. Viele schütteln über sich selbst den Kopf, weil sie so viel Kraft und Lebenszeit aufbringen müssen, um ihre Projekte zu realisieren. Müsste nicht ein echtes Talent, ein wirklich kluger Kopf oder ein attraktives Produkt schneller und reibungsloser Resultate erzielen? Die Zeit, die sie mit der Entstehung verbrachten, war zwar erfüllend und sie hätten sie wahrscheinlich nicht abkürzen wollen. Dennoch meinen viele, darin eher ein Zeichen von Schwäche als von Stärke erkennen zu können. Ich sehe das (heute) anders und genieße seitdem die Entstehungszeit viel mehr. Bedauern empfinde ich nun eher darüber, dass das Leben zu kurz sein wird, um alle Ideen auf den Weg zu bringen.

**Gerade Menschen, die über ausgeprägte Talente verfügen, sind daran gewöhnt, sehr schnell Ziele zu erreichen. Das erschwert ihnen die Einsicht, dass Erfolg und Wachstum auf der Investition von Zeit und Mühe basieren.**

Auch wenn es basal und überholt erscheint – in der Praxis ist diese Erkenntnis noch nicht überall angekommen. Zu oft erlebe ich die Enttäuschung Kreativer über magere Ergebnisse und dass sie sich selbst unnötige Grenzen setzen (*„Ich werde nie wie Vince Gilligan schreiben." „Ich bin eben kein Karajan." „Diesen Wechsel hat noch keiner geschafft."*). Manchmal wird das Vorhaben dann aufgegeben, weil die Betreffenden meinen, die Mühen der letzten Zeit hätten die Sinnlosigkeit des gesamten Unterfangens bewiesen. Beliebt ist auch nach wie vor, Genie und Wahnsinn für herausragende Ergebnisse verantwortlich zu machen: *„Ich habe gehört, dass die komplett abgedreht ist." „Ich möchte einmal dasitzen und auf eine Idee wie Gershwin kommen." „Der Typ ist genial. Aber keiner hält es mit ihm aus."* Es fällt leichter, sich zu sagen: Ich bin kein Genie aber dafür bei geistiger Gesundheit – deshalb kann ich das Mittelmaß nicht verlassen. Schauen Sie einmal in das Gesicht eines Triathleten, wenn er die Ziellinie durchläuft – das kommt der Vorstellung von Wahnsinn sehr nahe. Aber niemand hält einen Triathleten für psychisch gestört, weil er sich schindet und freiwillig einem Ziel verpflichtet hat, das unerreichbar erscheint. Möglicherweise hält man ihn für blöd und seinen Lebensmodus für nicht nachahmenswert, aber man zweifelt nicht an seiner psychischen Gesundheit oder unterstellt ihm übersinnliche Fähigkeiten. Niemand würde von ihm erwarten, dass er in den Monaten vor dem Wettkampf ein lockeres Leben hatte und auf den letzten Metern frisch geduscht jederzeit ein fröhliches Sprüchlein auf den Lippen hätte. Und niemanden würde eine Homestory über den Sportler mehr interessieren als sein letztes Rennen. Charisma ist willkommen, aber ohne die guten sportlichen Zeiten nichts wert.

**Warum werden Künstler anders betrachtet?**

Weil alle – Kreative und Publikum – ein Interesse daran haben, dass es so ist. Künstler wünschen sich den Rückschluss auf ihre Persönlichkeit. Sie möchten nicht auf eine Leistung reduziert werden *(„Er sang die Arie in Bestzeit."* oder *„Mit der Anzahl der Worte in seinem Text brach er den Weltrekord."*). Sie möchten danach bewertet werden, inwieweit es ihnen gelungen ist, etwas Besonderes zu kreieren. Das nur zu dem geworden ist, was es ist, weil sie es geschaffen haben. Weil es unverwechselbar ist. Und Konsumenten lieben kreative Produkte wegen der Gefühle, die sie in ihnen wachrufen, wegen der Assoziationen, die sie auslösen, wegen der inneren Bewegung, die sie bewirken können. Und wegen des Geheimnisses, das diese Wirkung umgibt. Das erfüllt beide Seiten – die Schaffenden und die Konsumierenden. Darauf wollen wir auf keinen Fall verzichten, weil es die Basis bildet. Also muss das Ziel darin bestehen, beiden Seiten im Leben eines Künstlers den notwendigen Raum zu geben: der Muse, dem Genie, dem ideell Größenwahnsinnigen auf der einen Seite und dem Arbeiter, dem Strategen, dem Trainer auf der anderen. Aber wie?

Manchmal können es ganz einfache Maßnahmen sein, um beide Seiten in der passenden Balance zu halten. Schauen Sie auf Ihren Lebensalltag: Was ist darin enthalten? Womit beschäftigen Sie sich? Wie viel Zeit verbringen Sie womit? Wie zufrieden sind Sie am Ende des Tages, der Woche, des Monats mit den Resultaten? Was fehlt? Im Folgenden schlage ich Ihnen eine Strategie vor, wie Sie sich einer effizienten Balance nähern können. Aber auch hier gilt: kein Wahrheitsanspruch! Es ist eine gute Hilfestellung für die Phasen, in denen scheinbar „nichts geht". Ist ihr Motor wieder angesprungen, machen Sie daraus Ihr eigenes Vorgehen, Ihre persönliche Erfolgsmethode.

**Fünf Grundbausteine für ein Künstlerleben**

**1. Ein aktuelles kreatives Projekt**

- unabhängig von damit erzieltem Einkommen,
- dafür mit Herzblut und hoffentlich auch Spaß gefüllt,
- zuständig für die Ernährung der kreativen Seele,
- kompromisslos.

## 2. Bürozeit

Ich habe diese Bezeichnung bewusst gewählt, um klarzustellen, dass man dort keinen Spaß und keine Erfüllung erwarten kann. Das entlastet von der unrealistischen Pflicht, sich enthusiastisch Themen wie Selbstmarketing oder der Steuererklärung zuwenden zu müssen. Die Rückmeldungen meiner Klienten, die Bürozeit in ihr Leben integriert haben, sind sehr positiv. Sie gibt der dritten Person Aufgaben, die sie wachsen und ein Partner auf Augenhöhe für Person eins und zwei werden lassen. Die Bürozeit verfolgt eine Politik der kleinen, kontinuierlichen Schritte. Sie verfährt nachsichtig und liebevoll mit der Künstlerseele und dennoch konsequent mit dem inneren Schweinehund. Probieren Sie es aus: Schon im ersten Monat werden Sie überrascht sein, was Sie erreicht haben, wovor Sie in den Monaten zuvor zurückgeschreckt sind. Die unten genannte zeitliche Begrenzung ist dabei sehr ernst zu nehmen: Unterschätzen Sie nicht, welche Anstrengung Sie die Beschäftigung mit den Aufgaben der dritten Person kostet – psychische Anstrengung. Zum Beispiel aktiviert die Recherche (von Arbeitgebern, Aufträgen, Agenturen etc.) den Vergleich mit anderen Ihrer Branche, was sich unmittelbar negativ auf Ihre Motivation auswirken kann. Das sollten Sie sich nur in überschaubaren Dosen zumuten. Aber genauso gefährlich ist es, wenn Sie – topmotiviert – meinen, es liefe so gut, da könne es nicht schaden, zehn Stunden am Stück dran zu bleiben. Irgendwann spüren Sie die Anstrengung doch und wenn es schlecht läuft, werfen Sie das Handtuch nicht nur für den nächsten Tag, sondern für die nächsten Monate.

In der Bürozeit werden alle Aufgaben der dritten Person erledigt:

- Recherche von Arbeitgebern, Bewerbungen,
- private und berufliche Bürokratie,
- Materialerstellung und -pflege,
- Netzwerkaufbau und -pflege,
- berufliche Telefonate und Mails,
- Marketing,
- To-do-Listen und Not-to-do-Listen erstellen und abarbeiten,
- künstlerische, persönliche und wirtschaftliche Bilanzen ziehen und
- daraus neue Pläne und Ziele entwickeln.

Zeitliche Begrenzung:

- mindestens eine, höchstens zwei Stunden täglich,
- mindestens fünf, höchstens sechs Tage pro Woche,
- an Tagen, an denen Sie beruflich voll eingespannt sind, fällt die Bürozeit aus; es sei denn, Sie sind immer voll eingespannt und möchten nebenher ein Projekt realisieren: Dann integrieren Sie die Bürozeit in Ihren Alltag.

**3. Zeit für Erwerbstätigkeit außerhalb der Kunst**

- Zunächst die Frage: Ist es notwendig? Wie viel muss ich damit erwirtschaften? Wie viel erwirtschaften andere im Haushalt?
- Wie viel vertrage ich davon neben der Kunst?

- Wie gerne muss ich das machen?
- Darf es der Kunst verwandt sein oder halte ich gerade das nicht aus?
- Könnten mich eine weitere Ausbildung oder ein zweites Standbein voranbringen?

## 4. Training und Weiterbildung der künstlerischen Kompetenzen

- ein eigenes Trainingsprogramm zusammenstellen,
- ggfs. Partner dafür suchen – manche lieben das Arbeiten allein, andere hassen es,
- sich auf dem Laufenden halten,
- Repertoire erneuern,
- Techniken überprüfen, erweitern,
- das eigene Profil überprüfen (haben sich meine Werte, meine Ansätze, mein Stil, mein Image verändert?).

## 5. Wohlfühlzeiten

- Freunde und Familie,
- Natur,
- Bewegung,
- Reisen, Urlaub, Nichtstun,
- Genuss etc.

## 4 Der persönliche Modus Vivendi

**Leben mit einem kreativen Beruf – was bedeutet das heute?**

Meine Äußerungen dazu beruhen auf den Beobachtungen, Informationen und Erfahrungsberichten aktuell kreativ Tätiger. Da meine Beratung unter Schweigepflicht steht und meine Klienten ihre Situation verbessern möchten, würde es für sie keinen Sinn ergeben, mir schöngefärbte Gagen, Konditionen oder Umgangsformen zu berichten. Es kommt vor, dass ich von Außenstehenden höre: *„Was Du berichtest, gibt es doch so gar nicht." „Das betrifft nur die Erfolglosen." „Die Dilettanten." „Die Privatschulen." „Dann machen sie etwas falsch." „Dann müssen sie eben …"* Damit wird behauptet, dass fehlende Kompetenz, Leistung oder Stabilität der Grund für schlechte Lebens- und Arbeitsbedingungen Kreativer sind. Natürlich kommt das vor. Bleiben wir aber bei diesen Fällen, stellen wir die Berufsrealität von Künstlern besser dar, als sie ist und werden keine Veränderungen erreichen, wo wir sie wünschen. Hätte der Bundesverband Schauspiel (BFFS) nicht die Aufmerksamkeit auf die schlechten Gagen und Versicherungsbedingungen für Filmschauspieler gelenkt, hätten sich die Mindestgagen für professionelle Schauspieler nicht so schnell erfreulich stabilisiert. Und es bleibt auch dort noch viel zu tun. Hört ein Künstler: *„Was? Du verdienst so wenig? Warum hat Deine Agentur nicht härter verhandelt?" „Üblich sind doch ganz andere Konditionen!" „Warum hast Du auf Deine Bewerbung keine ausführliche Antwort bekommen?" „Du müsstest eigentlich schon ganz woanders stehen bei Deinem Talent!" „Also bei XY hat die Produktion das alles gezahlt." „Eine Präsentation ohne Bezahlung? Würde ich nie* *machen!"*, stärkt das seine Überzeugung, dass etwas falsch läuft und er führt es auf eigenes Unvermögen zurück. Dass etwas falsch läuft, mag stimmen. Aber weitverbreitet und nicht in Einzelfällen.

**Je schneller wir verstehen, dass Kreative auch dann zu schlecht bezahlt und zu wenig geschätzt werden, wenn sie sehr gute Leistungen erbringen, desto eher fangen wir an, etwas daran zu verändern.**

Seit 2008 beantworte ich in dem Schauspielermagazin ca:stmag Fragen von Schauspielern zu ihrer Lebens- und Arbeitsrealität, die sie mir anonym zukommen lassen können. Auf diese Weise ist ein guter Überblick darüber entstanden, was es heißt, mit dem Schauspielberuf zu leben. Die Kolumne spiegelt aber auch die Themen wider, die Kreative anderer Branchen beschäftigen. Denn die Herangehensweise an die Suche nach dem persönlichen Modus Vivendi ähnelt sich bei allen Genres in den Hauptaspekten. Dennoch könnte ich als Beraterin nicht nach dem Motto „Thema klar – Vorgehensweise klar" agieren. Jedes Mal verständige ich mich neu mit den Klienten auf eine Planung der Schritte. Und jedes Mal kündige ich an, dass wir diese Schritte im Verlauf wieder überdenken werden. Denn es ist nicht vorhersehbar, was wir mit unserer Arbeit auslösen. Manche scheinen nur jemanden zu brauchen, der sieht, was sie tun. Sie laufen los und beeindrucken damit, was sie zu leisten in der Lage sind. Andere wieder sind erschrocken darüber, was es mit ihnen macht, dass sie (vielleicht erstmalig) auf jemanden treffen, der sich für ihr Schaffen und die Hintergründe interessiert. Es brechen

Themen auf, die den Prozess zunächst verlangsamen, die man aber auch nicht außer Acht lassen kann, wenn man einen nachhaltigen Effekt anstrebt.

## Antrieb

Ich denke da an eine Schauspielerin, die kam, um eine neue Website mit mir zu planen. Am Ende ging es darum, ihre Fähigkeit wiederzubeleben, sich in der Arbeit, aber auch in ihrem Material authentisch zu zeigen. Sie hatte ihr Augenmerk so sehr auf die Marktanforderungen gerichtet, hatte auch sehr erfolgreich gearbeitet, war aber letztlich zu ausgebrannt, als dass sie frisches Material hätte produzieren können. Es brauchte mehrere Monate, in denen sie zu ihren kreativen Wurzeln zurückfand. Aber dann ging es schnell. Denn ein Foto zu machen, ein Showreel (Demoband) zu drehen und beides auf eine Plattform zu stellen, braucht nur wenig Zeit. Der Weg dahin kann einen Schauspieler lange quälen.

> **Fallbeispiel Hella, 30**
>
> *„Es ist wieder so weit: Ich brauche neues Material. Neue Fotos, das Showreel muss neu geschnitten werden, vielleicht brauche ich sogar eine neue Homepage? Ich weiß schon jetzt, dass die nächsten Monate grauenvoll werden. Jetzt kann ich wieder überlegen, bei welchem Fotografen ich am wenigsten verkrampft bin und worüber ich ein „About me" machen soll. Beim letzten Mal war ich ewig in einer Art Starre, bis ich überhaupt in die Gänge kam. Wie kann ich das diesmal verhindern?"*

"Ich beobachte bei vielen Schauspielern, dass der Grad der Frustration beim Thema Selbstmarketing ungeheuer hoch ist. Vielleicht reichen Disziplin und Wille, dass man gegen die Widerstände „in die Gänge kommt", aber das garantiert noch nicht, dass man mit dem Ergebnis zufrieden ist. Man sehnt sich in die Gruppe derer, die glücklich sind mit ihrem Material und sowohl vom Erstellungsprozess als auch von der Präsentation beflügelt. Wie kann man es schaffen, es ebenso befriedigend zu gestalten? Es beginnt mit einem unscheinbaren Detail: Sie müssen Ihren eigenen inneren Bildern von sich selbst trauen. Schauspieler können in der Regel auf eine Vielzahl innerer Bilder von sich selbst zurückgreifen. Das ist ihr Job. Das macht sie allerdings auch hoch beeinflussbar durch äußere Vorgaben – z. B. von Castern, Agenturen, Regisseuren oder Coaches, die ihnen ein Spiegel sein und ein Gefühl dafür vermitteln möchten, wo sie dem Publikum eine attraktive Projektionsfläche bieten, wo der Markt am meisten Arbeit für sie bereithält. Sie berichten von erfolgreichen Beispielen und Plattformen, veranstalten Wettbewerbe von „Self-Shorties", um sie anzuregen. Auf manche wirkt das inspirierend. Bei anderen erhöht es den Druck: *„Wie muss ich mich zeigen?" „Wann bin ich spannend?" „Habe ich überhaupt etwas Interessantes zu erzählen?" „Was ist gerade gefragt?"* Und so machen sie unmerklich andere zu Experten für sich selbst. Und vergessen, dass sie der eigentliche Fachmann dafür sind. Denn sie tragen die Bilder von sich bereits in sich. Und damit auch die richtige Form, sie zu präsentieren. Wenn Schauspieler hier den Zugang zu sich finden, läuft der Rest häufig von allein. Die Ideen sprudeln, Partner werden gesucht und Fototermine gut vorbereitet. Sie übernehmen die Führung und suchen sich die geeigneten Dienstleister zur Umsetzung. Und folgen nicht mehr hilflos Vorgaben. So wird Schauspielerinnen z. B. folgendes Outfit empfohlen (Zitat): *„Sommerkleid, Trenchcoat, Netzstrumpfhosen, Lederjacke, gern auch mal 30er/50er-Jahre".* Und was sehen wir bei Schauspielerporträts? Sommerkleider, Trenchcoats, Netzstrumpfhosen, Lederjacken... Weder ist etwas gegen

## 4 Der persönliche Modus Vivendi

> Vorschläge noch gegen Lederjacken einzuwenden. Es verwundert nur nicht, wenn es Ihnen den Spaß verdirbt. Denn Schauspieler wollen (sich) wie alle Kreativen selbst erfinden. Sie trauen sich nur zu wenig zu, dass sie die richtige Wahl treffen. Richtig wofür? Für den Markt? Der Markt ist unberechenbar und immer auf der Suche nach eigenständigen Persönlichkeiten. Hier liegt der Schlüssel dazu, dass Selbstmarketing keine lästige Pflicht, sondern ein kreativer Akt wird. Zeigen Sie, was bereits vorhanden ist: Themen, die Sie täglich bewegen. Stile, die Sie lieben. Ausdrucksmittel, die Sie beherrschen. Denn wenn es Sie begeistert – warum sollte es nicht auch für diejenigen spannend sein, die Sie erreichen möchten?"

Für Kreative aller Branchen gilt: Sie bewegen sich im Spannungsfeld zwischen ihrer ursprünglichen Berufung und der Berufsrealität. Wer professionell tätig ist, liefert sich auch dem Markt aus. Die Konkurrenz ist überall sehr groß. Daher kann es Kreativen (von denen vor allem Neues, Einzigartiges und Besonderes gefragt ist) paradoxerweise passieren, dass sie sich, ohne es zu merken, durch die Fixierung auf Marktvorgaben uniformieren. Bewusst wird es ihnen häufig erst, wenn sie sich fragen: *„Warum macht es mir gerade keinen Spaß mehr, kreativ tätig zu sein?"* Finden sie den Weg zurück zu ihren Wurzeln, zum Kern ihres Antriebs, der sie einmal zu ihrer Berufswahl motiviert hat, können sie in der Regel den inneren Motor in unveränderter Kraft wieder starten. Es kann nicht deutlich genug darauf hingewiesen werden:

**Kreative werden unglücklich, wenn sie die Verbindung zu ihrem Motor verlieren.**

Sie können also zwei Fliegen mit einer Klappe schlagen: Wenn Sie mutig Ihren eigenen Weg gehen, auch einmal gegen den Strom, erfüllen Sie die Anforderungen, die der Markt eigentlich an Sie stellt (auch wenn Ihnen anderes erzählt wird) und sichern sich gleichzeitig Ihr Wohlbefinden.

## Liebe und Beziehung

Ein weiteres großes Thema, das Kreativen das Leben mit ihrem Beruf schwer macht, ist das Thema Liebe und Beziehung. Da geht es um Konkurrenz zwischen Partnern, um Eifersucht, um Distanzbeziehungen, um Kinder und um die Frage, wer wie viel zum Familieneinkommen beiträgt. Es scheint so zu sein, dass Künstlerbeziehungen besonders kompliziert sind und daher selten gelingen. In Untersuchungen wurde aber festgestellt, dass Künstler ganz weit vorne sind, wenn es um die viel beschworenen und doch selten realisierten neuen Geschlechterrollen geht. Mann und Frau teilen sich gleichberechtigt Beruf, Familie und Haushalt: in Künstlerbeziehungen gelebte Realität. Ihre Probleme sind anders gelagert.

### Fallbeispiel Nicola, 28

*„Ich bin Schauspielerin und mein Freund ist Musiker. Wir sind seit zwei Jahren zusammen. Am Anfang hatte ich mehr Arbeit als er, aber seit einigen Monaten läuft es für meinen Freund auch ziemlich gut, was zur Folge hat, dass wir uns immer weniger sehen. Seitdem sind Sehnsucht,*

## 4 Der persönliche Modus Vivendi

*Eifersucht und Konkurrenz ständig Thema. Erstmalig frage ich mich, was ich vorher immer von anderen gefragt wurde: Hat unsere Künstlerbeziehung überhaupt eine Chance?"*

„Es gehört zu den beliebtesten Klischees, dass Beziehungen zwischen Künstlern zeitlich begrenzte Projekte sind. Das ist natürlich Unsinn. Aber Unsinn, der sich hartnäckig hält. Warum? Zunächst einmal kennen wir die meisten Künstlerpaare nur aus den Medien. Und dort wird nicht berichtet: *„Andrea, Schauspielerin, und Michael, Maler, führen seit nunmehr 15 Jahren eine ziemlich glückliche Ehe, es gab auch schon die eine oder andere Krise, aber im Augenblick sieht es ganz danach aus, als könnten sie weitere 15 Jahre zusammenbleiben."* Beziehungen, wie sie tatsächlich gelebt werden, eignen sich nicht als Nachricht. Denn sie bestehen aus Ereignissen – äußeren wie inneren – die nur für die unmittelbar Beteiligten von Interesse sind. Dazu gehören Fragen wie: *„Wie stark ist unsere Bindung?"* *„Wie wichtig ist es mir, über lange Zeit denselben Menschen an meiner Seite zu haben?"* *„Sind wir ein gutes Team in Alltagsdingen?"* *„Steht bei uns Geben und Nehmen in einem ausgewogenen Verhältnis?"* *„Wer putzt das Bad?"* Künstlerleben sind in der Regel bewegter als die anderer Berufsgruppen: Häufig wechselnde Arbeitsorte und Arbeitspartner, eine unklare finanzielle Situation sind an der Tagesordnung und der Selbstwert ist einem ständigen Auf und Ab zwischen Anerkennung und Nichtachtung ausgesetzt. Das kann eine Destabilisierung für die Partnerschaft bedeuten. *„Also doch!",* werden Sie jetzt möglicherweise denken. Aber: Ebenso starke Beziehungskiller können Routine und Stillstand sein. Die Bewegung in Ihrem Leben ist also einerseits eine Belastung, erhöht andererseits aber auch die Chance, dass Ihre Beziehung langfristig glücklich bleibt.

Nicht die Tatsache, dass Sie beide Künstler sind mit den dazugehörigen Themen, stellt also die Überlebensfähigkeit Ihrer Beziehung infrage, sondern Sie beide entscheiden darüber, ob es passt. Kickt Sie der Erfolg Ihres Freundes und umgekehrt? Günstig. Ist Ihre Bindung stark? Eine gute

Voraussetzung, wenn man sich selten sieht. Haben Sie gemeinsame Zukunftspläne – z. B. künstlerische Projekte, Familienplanung? Sehr gut – dann interessieren Begegnungen mit anderen potenziellen Partnern kaum. Sollte all das nicht der Fall sein, könnte Sie auch nicht retten, wenn Sie Lehrerin wären und er die Bäckerei am Ort führen würde. Sie befinden sich jetzt nach zwei Jahren Beziehung in einer Phase der Überprüfung und der sollten Sie sich ruhig stellen. Wenn Sie z. B. in der Sehnsucht die Liebe, in der Eifersucht eine Chance zur Selbstreflexion und in der Konkurrenz produktiven Ehrgeiz erkennen können, sind das wunderbare Bedingungen, um sich gemeinsam ein Leben aufzubauen. Eines, das der Boulevardpresse keine Meldung wert wäre."

### Fallbeispiel Sylvie, 27

*„Ich lebe seit einem Jahr mit meinem Freund zusammen, der beruflich gar nichts mit Schauspiel zu tun hat und in seinem festen Job recht gut verdient. Ich habe vor zwei Jahren meinen Abschluss auf einer privaten Schauspielschule gemacht und konnte zwar seitdem auch arbeiten, aber längst nicht so viel, dass ich davon leben könnte. Ich merke, dass unsere Beziehung dadurch immer mehr belastet wird. Mein Freund fragt häufiger, ob ich mir nicht vorstellen könnte, auch etwas anderes zu machen. Das könnte ich eigentlich nicht. Aber ich möchte natürlich auch keine Last für unsere Beziehung sein. Was kann ich tun?"*

„In einer Beziehung leben beide Partner immer auch das Leben des anderen mit. So erleben sie Dinge, die sie mit einem anderen Menschen an ihrer Seite nie gewagt hätten, oder begegnen Menschen, die sie sonst nicht kennengelernt hätten. Die spezifische Persönlichkeit des Partners hat sie angezogen und dazu geführt, dass sie sich für ein Leben mit ihm entschieden haben. Lassen Sie mich raten: Was hat

Ihrem Freund an Ihnen gefallen? Ihre Ausstrahlung, Ihre Phantasie, Ihre Neugier, Kreativität, Begeisterungsfähigkeit, Offenheit und Ihr Verständnis für ihn? Darauf wird er sicher auch in Zukunft zählen können. Aber welchen Stellenwert haben diese Charaktereigenschaften für ihn? Wäre er bereit, dafür zu akzeptieren, dass Ihr Beitrag in Bezug auf Sicherheit geringer ausfällt?

Partnerschaften jeder Form werden auch in dem Wunsch geschlossen, dass beide durch diese Verbindung mehr erreichen, als sie es allein getan hätten. Für Ihre Zukunft als Paar ist es notwendig, dass Sie sich hier verständigen, ob einer von Ihnen das Gefühl hat, zu kurz zu kommen. Aber bitte auf Augenhöhe! Künstler, die mit Nicht-Künstlern in einer Partnerschaft leben, neigen dazu, sich als Nutznießer ihres Gegenübers zu empfinden, weil ihr Beruf nur in Ausnahmefällen materiellen Erfolg mit sich bringt und sie unter dem Gefühl leiden, ihre künstlerische Tätigkeit sei für die Gesellschaft bedeutungslos (das ist nicht verwunderlich, da sie darin mit großen Teilen der Gesellschaft übereinstimmen). Was sich in der Wissenschaft bereits abzeichnet – ein Interesse daran, Künstler als Fachleute modernen Lebens zu betrachten und von ihnen in Bezug auf veränderte Geschlechterrollen, Arbeitsmotivation oder gute Bildungsabschlüsse zu lernen – sollte sich auch in anderen Bereichen bis hinein in die kleine Einheit einer Zweierbeziehung durchsetzen.

Seien Sie selbstbewusst in Bezug auf den Beitrag, den Sie leisten! Ruhen Sie sich aber auch nicht auf Ihrer „Künstlerseele" aus, indem Sie nur um sich selbst kreisen, sondern beteiligen Sie sich aktiv an der Gestaltung der Gesellschaft und Ihrer Beziehung. Lassen Sie Ihren Partner und Ihre Umwelt davon profitieren, was Sie zu geben haben – nicht nur auf der Bühne oder vor der Kamera, sondern auch als der Mensch, der Sie sind! Befragen Sie einmal Paare, die seit vielen Jahrzehnten gemeinsam ihren Weg gegangen sind, welche Aspekte für sie rückblickend am wertvollsten sind: die, in denen sie ihren Gefühlen und Sehnsüchten gefolgt sind inklusive der Risiken, oder die, in denen Ängste, Vernunft und die Meinung der anderen ihr Leben geleitet haben."

## Auf und Ab

Häufig beklagen sich Künstler über das heftige Auf und Ab in ihrem Leben (bzw. bei genauerem Hinsehen nur über das „Ab"). Ich halte ihnen dann vor Augen, dass ihr Beruf sich in den Spannungsbögen von vielen anderen unterscheidet. In Berufen, die einer klaren „Nine-to-Five-Struktur" folgen, gibt es eine tägliche Ökonomie der Kräfte. Die Zigarettenpause, der Blick aus dem Fenster, der Plausch mit der Kollegin und Variationen des Arbeitstempos ermöglichen eine Ausbalancierung der Kräfte. Dort, wo es nicht möglich ist (z. B. in 24-Stunden-Schichten in hochverantwortungsvollen Positionen) oder wo die Beschäftigten aus eigenem Antrieb dieser natürlichen Balance keine Chance geben, zeigen sich Überforderungssymptome. Kreative Berufe folgen ebenfalls einem Zyklus, der der Ausbalancierung dient. Er verläuft aber in größeren zeitlichen Bögen, sodass die Betroffenen den Eindruck bekommen können, sich in einer ernsthaft veränderten Gemütslage zu befinden. Sie verstehen nicht, wie es sein kann, dass sie gerade noch über Wochen hoch konzentriert und mit Elan gearbeitet haben und nun tagelang durchhängen. Aus der Distanz betrachtet wird es deutlich: Kreative tauchen in ihrer Arbeit tage-, wochen-, manchmal monatelang ab. Sie kommen erst wieder zu sich, wenn das Produkt entscheidende Schritte nach vorn gemacht hat. Diese produktive Phase ist zwar sehr erfüllend, aber auch sehr zeitraubend und kräftezehrend. Noch auslaugender sind Phasen, in denen sie es nicht schaffen abzutauchen, in denen ihnen der kreative Fluss versagt bleibt.

## 4 Der persönliche Modus Vivendi

Der Gestaltungsprozess ist meist von einer Frist vor Augen eingerahmt – bis zur Premiere, der Messe, der Ausstellung, der Präsentation oder der Abgabe. Diesem Höhepunkt wird mit voller Energie entgegengestrebt. Ist er erreicht, kann das „Post-Premieren-Tief" folgen. Dabei wird – unabhängig vom Erfolg – der Höhepunkt von Selbstzweifeln und Sinnlosigkeitsgefühlen abgelöst. Wie soll man aber wissen, dass diese Empfindungen keiner schwerwiegenden Erkenntnis sondern einem logischen „What-goes-up-must-come-down" entsprechen? Wird dieses Prinzip gestört (z. B. bei anhaltendem „Auf" ohne Ruhephasen in besonders erfolgreichen Zeiten), kann es gefährlich werden. Geist, Körper und Seele – das Arbeitsmaterial – können sich nicht erholen und es beginnt ein Raubbau an der kreativen Substanz.

### Fallbeispiel Stella, 34

*„Ich bin freischaffende Schauspielerin und lebe vom Drehen und von freien Theaterprojekten. Ich habe beobachtet, dass ich immer, wenn eine größere Aufgabe vor mir liegt, erst voller Elan bin und ganz viel ins Rollen bringe und dann abstürze in eine Phase der Unfähigkeit und totaler Desorganisation. Wie kann ich das ändern?"*

„Die Frage ist: Möchten Sie das wirklich ändern? Sie beschreiben ein Phänomen, das viele Künstler kennen und das dem physikalischen „What-goes-up-must-come-down" nahekommt. Wenn Sie also nicht auf die kreativen Hochphasen verzichten wollen, müssen Sie mit den anderen wohl ebenso leben. Dies gilt allerdings unter einer Voraussetzung: Der Leidensdruck in den schlechten Phasen darf ein bestimmtes Maß nicht überschreiten. Und was das bedeutet, ist nicht so einfach zu bestimmen, weil es auch individuell verschieden ist. Hier bedarf es professioneller Unterstützung, wenn man sich nicht sicher ist, wo man steht. Wenn wir aber einmal davon ausgehen, dass es sich in Ihrem Fall um die Erschöpfung nach einer besonders produktiven Phase handelt, die unangenehm, aber nicht besorgniserregend ist, reichen vielleicht schon folgende Maßnahmen, um besser damit umzugehen:

Erstens: Rechnen Sie damit! Seien Sie bereits während Sie voller Elan in Siebenmeilenschritten Ihre Projekte vorantreiben darauf vorbereitet, dass diese Phase von einer anderen abgelöst wird. Das hat die Natur ganz gut eingerichtet. Alles andere könnte nur dann funktionieren, wenn es die „hundertfünfzig Prozent", die manchmal von Künstlern gefordert werden, wirklich gäbe. Und das wage ich zu bezweifeln.

Zweitens: Interpretieren Sie es nicht als Unfähigkeit oder Desorganisation! Sonst fassen Sie es unter einem Label zusammen, das nicht auf Sie zutrifft, wie ja die vorangegangene Hochphase gezeigt hat. Diese Bewertung hemmt Sie höchstens, sich in der Zukunft weiterhin hohe Ziele zu stecken, weil es ein Versagensgefühl hinterlässt. Wenn Sie wissen, dass es sich hierbei um physische und psychische Erschöpfung handelt, fangen Sie auch schneller an, für Erholung zu sorgen.

Drittens: Beugen Sie vor! Mildern Sie die unproduktiven Phasen, indem Sie ein Gespür dafür entwickeln, wann Sie in den Hochphasen anfangen, sich über Gebühr anzustrengen. Haushalten Sie hier vorausschauend, indem Sie Ihr Zeit- und Kräftemanagement optimieren.

Künstler richten im Allgemeinen ihre kreative Arbeit am liebsten spontan nach ihrem aktuellen Zustand aus. Das ist spannender als ein ausgeglichener Kräftehaushalt, weil es auch größere Gefühle auslöst, und das ist der Stoff, der sie antreibt. Ist es bei Ihnen ebenso?

Dann bedenken Sie aber: Je erfolgreicher Sie werden, desto wichtiger wird es sein, dass Sie trotz dieser Wellenbewegung stabil bleiben. Denn man wird jederzeit eine gute Leistung von Ihnen erwarten – unabhängig davon, in

> welcher der beiden Phasen Sie sich gerade befinden. Und die Einzige, die ein echtes Interesse daran hat, dass Ihre Substanz nicht darunter leidet, sind Sie selbst – nicht Ihre Agentur, die Regisseure oder das Publikum."

Viele Künstler glauben, mit dem Erfolg würden ihre Probleme aufhören. Im Gegenteil: Mit dem Erfolg fangen manche Probleme erst an. (Zu) wenige Aufträge fordern Kreative mindestens so sehr wie auftragsreiche Phasen. Besonders schwierig sind Letztere deshalb zu handhaben, weil man nicht sicher sein kann, ob sie nicht bald wieder enden. Ich erinnere mich an einen Filmmusikkomponisten, der bei den Aufnahmen dagegen kämpfte, dass ihn der Schlaf übermannt. Er hatte seit Wochen Tag und Nacht an mehreren Aufträgen gleichzeitig gearbeitet. Da er vor nicht allzu langer Zeit Vater geworden war, trieb ihn das Gefühl an, für schlechtere Zeiten vorsorgen zu müssen. Diese Rechnung ging nicht auf: Die Qualität seiner Arbeit begann zu leiden und auch seine Kommunikation wurde unverträglicher. Neben dem Kräftehaushalt müssen erfolgreiche Künstler auch eine umsichtige und vorausschauende Auswahl ihrer Aufträge beachten. Gar nicht so einfach, wenn Termine sich überschneiden, Agenturen Aufträge anders beurteilen als man selbst und niemand vorhersagen kann, ob im nächsten Monat attraktive Anfragen kommen. Auch in dieser Hinsicht folgen kreative Berufe dem Wechsel zwischen Auf und Ab und je eher man das in seine Lebensplanung mit einbezieht, desto besser.

# Sexuelle Belästigung

Kreative Arbeit bietet viel Raum für Grenzauslotungen und Grenzüberschreitungen. Sie entsteht aus persönlichem Gefühls- und Gedankengut. Scham oder Hemmungen sind nicht unbedingt vorgesehen. Umgekehrt: Wer schamlos und ungehemmt ist, liegt vorn. Dieser Freizügigkeit stehen ausgeprägte hierarchische Strukturen gegenüber. All das bietet einen guten Nährboden für Übergriffigkeit jeder Art, weil die eine Seite besonders autorisiert ist, Macht auszuüben, und die andere Seite besonders dazu aufgefordert, sich offen, risikobereit und begeistert zu zeigen. Es ist wie überall: Wie unangenehm Kollegen und Vorgesetzte, Berührungen, Worte oder Sympathiebekundungen tatsächlich empfunden werden, erfahren nur ganz enge Vertraute. Denn die Angst vor dem Verlust des Arbeitsplatzes und die Bedeutung einer positiven Beurteilung durch diejenigen, die Entscheidungen treffen, sind groß.

> **Fallbeispiel Maria, 28, und Elena, 31**
>
> *„Bevor wir Schauspielerinnen wurden, hatten wir immer mal wieder von der „Besetzungscouch" gehört. Die ist uns so nicht begegnet. Was uns aber ständig begegnet, sind Regisseure, Intendanten, Caster oder Kollegen, denen wir versichern müssen, dass wir nicht „verklemmt" sind, um unsere Beschäftigungssituation zu verbessern. Das ist noch okay, solange es um die Rolle geht. Aber was tun, wenn man das Gefühl hat, dass man sich für die privaten Phantasien eines anderen hergeben soll?"*
>
> „In den vielen Gesprächen, die ich mit Schauspieler(innen) über ihren Beruf geführt habe, finden sich zahlreiche Zitate, die Ihre Frage berühren:

## 4 Der persönliche Modus Vivendi

R.E.: *„Ich bin zum Intendanten, weil sich diese Art der Unannehmlichkeiten* [Anzüglichkeiten des Regisseurs, A.G.] *häuften. Darunter litt natürlich auch mein Sexappeal auf der Bühne, ich war gar nicht mehr überzeugend. Der Intendant sagte: „Bilden Sie sich das nicht ein?" Das war so eklig. Wenn die Kollegin mitgekommen wäre, hätte der uns vielleicht geglaubt, aber so war ich die Geschichtenerfinderin."*

B.M.: *„Der Intendant wollte, dass ich mich selbst befriedige in einem Stück, das wir vor Schülern gespielt haben, und es artete dann so aus, dass ich ins Büro zu ihm musste zum „Entwicklungsgespräch" und er mir sagte, dass er ernsthaft glaube, dass ich Probleme im Unterleib habe. Mit meiner Sinnlichkeit."*

M.L.: *„Der Regisseur rief von unten: „Fickt sie, dass die Wände wackeln!" Und als ich mich wehrte: „Noch ein Wort und ich spiele Deine Rolle." Mit Erfahrung kann man sagen, okay, das spielen wir jetzt. Mit einer ganz großen Distanz. Aber wenn Du ganz neu bist ... das hätte ich vor zehn Jahren noch nicht gekonnt."*

Es stellen sich zwei Fragen: Müssen Schauspieler(innen) alles von sich zeigen – inklusive ihrer Sexualität, ihres Körpers und anderer Intimitäten? Und wenn ja, wieso ist dann kein Platz für ihre Scham? Der Schauspielberuf lässt menschliche Charakteristika besonders deutlich hervortreten – auch die Geschlechterrollen. Das macht ihn einerseits interessant; andererseits folgt er eigenen Gesetzen, die einen Umgang miteinander ermöglichen, der in anderen Bereichen eher sanktioniert werden würde. Ein Reiz dieses Berufes besteht aber gerade darin, dass übliche Grenzen hinterfragt und auch überschritten werden. Das wiederum öffnet Freiheiten Tür und Tor, auf die insbesondere die Leidtragenden lieber verzichtet hätten. Was tun? Zunächst einmal muss man seine eigenen Grenzen kennenlernen. Ich erinnere mich an eine Schauspielerin, die es unerträglich fand, auf der Bühne ein T-Shirt mit einem durchschnittlich großen V-Ausschnitt zu tragen. Eine andere hatte nichts dagegen, sich öffentlich nackt zu zeigen. Dann gilt es zu überprüfen, welche der persönlichen Grenzen man (sei es privat oder im Sinne der Rolle) gerne erweitern würde.

> Dann kann man sich selbst dafür entscheiden, dies zu tun. Aber lassen Sie sich nichts vormachen: Sexuelle Belästigung beginnt dort, wo jemand gegen Ihren Willen Ihre Grenzen überschreitet und ist niemals legitim.
> Umso wichtiger ist es, dass erfolgreiche, erfahrene und unerschrockene Schauspieler(innen) die Dinge beim Namen nennen, wie jüngst Helen Mirren bei einer Preisverleihung für Frauen in der Unterhaltungsindustrie, die äußerte, Filmemacher würden *„den Altar des Mannes und seinen Penis"* anbeten und es für *„bloody irrelevant"* hält, ob sie im Alter von 65 noch sexy ist."

# Krankheit

Für manche Künstler ist das Thema Krankheit das zentrale überhaupt, wenn es um belastende Aspekte ihres Berufes geht. Denn der reibungslose Ablauf einer Vorstellung, eines Konzertes oder eines Drehs hat eine existenzielle Bedeutung – für das Theater, die Produktionsfirma, die Veranstalter, Auftraggeber und für die Darsteller selbst. Nicht selten bedeutet die Verschiebung oder ein Ausfall nicht tragbare finanzielle Einbußen. Aber auch dann, wenn das nicht so ist: Künstler treten zur Arbeit an. Selbst der Tod eines engen Familienmitglieds, ein Wohnungsbrand, ein Erdbeben, ein Wasserrohrbruch, ein Autounfall o. Ä. wird sie nicht davon abhalten. Nicht arbeitsfähig zu sein, ist für Künstler eine Katastrophe. Ärzte wundern sich, wenn eine Sängerin mit Stimmbandentzündung vor ihnen sitzt und weint. Sie hatten ihr doch soeben mitgeteilt, dass sie nur eine Woche stimmliche Ruhe einhalten müsse, dann wäre alles wieder in Ordnung. Das hilft ihr aber nicht weiter. Sie weiß, dass sie zu Hause viertelstündlich angerufen wird, ob es ihr schon besser gehe und wann sie wieder aufzutreten gedenke. Krankgeschrieben zu werden, mag für andere Arbeitnehmer eine Entlastung sein, für Künstler ist es eine Kapitulation. Günstig ist es – wie im Musical oder der Oper –, wenn es Zweitbesetzungen gibt, auf die man zurückgreifen kann. Das ist aber eine Kostenfrage – gerade für kleinere Häuser oder Genre übergreifende Produktionen. Daher ist es für Kreative wichtig, auch hier ein gutes Netzwerk zu haben. Ärzte und Psychologen, die mit ihrer Situation vertraut sind und ihre Behandlung darauf abstimmen können. Ein HNO-Arzt, der mit vielen Sängern arbeitet oder gar selbst Sänger ist, schätzt eine Erkrankung anders ein. Aber wie man es dreht und wendet: Kreative sind Menschen und werden krank. Je eher sie diese Tatsache akzeptieren, desto weniger baut sich unnötiger Druck auf. Was geht, geht; was nicht geht, geht nicht.

### Fallbeispiel Vivien, 22

„Ich leide seit meiner Kindheit unter einer Schmerzerkrankung, mit der ich aber gelernt habe umzugehen. Trotzdem wollte mir der Leiter meiner Schauspielschule deswegen nach zweieinhalb Jahren der Ausbildung – gegen den Widerstand anderer Dozenten – nicht die Möglichkeit zum Abschluss geben. Das ist nun ein Jahr her und ich war bei keinem Casting aus Angst vor der Frage, warum ich die Schule nicht abgeschlossen habe. Mir wurde mehrfach gesagt, dass ich darüber nicht die Wahrheit sagen sollte, weil es den Eindruck erwecken würde, dass ich eine Gefahr *für die Produktion bin. Dabei habe ich nie eine Prüfung oder einen wichtigen Termin verpasst. Derzeit mache ich eine weitere Ausbildung zur Sprecherin. Aber kann ich jemals den Einstieg schaffen?"*

„Sie sind sehr früh damit konfrontiert worden, dass Sie – was die körperliche Unversehrtheit anbelangt – anders sind als andere. Daher mussten Sie auch in besonderer Weise auf sich achten, was zwei Bedeutungen hat: einmal, dass Sie sorgsamer mit sich umgehen und sich auch besser einschätzen können als andere, aber auch, dass Sie Ihr körperliches Befinden mehr im Zentrum sehen als dies andere tun (müssen). Ich glaube aber, dass Ihre Krankheit Sie im Zusammenhang mit Ihrer künftigen Tätigkeit als Schauspielerin nicht zwingend zu einem größeren Risiko macht als Ihre Kollegen.

Das Thema Gesundheit ist für alle Künstler insofern ein zentrales, als es immer eine große Belastung darstellt, nicht auftreten zu können und damit eine Produktion zu gefährden – bei Sängern kann dies schon durch eine Erkältung der Fall sein. Wenn Sie während Ihrer Ausbildung keine wichtigen Termine versäumen mussten, scheinen Sie aber nicht häufiger arbeitsunfähig zu sein als andere. Wahrscheinlich, weil Sie zwangsläufig gelernt haben und bereit sind, auch mit Schmerzen einsatzbereit zu sein. Das macht Sie möglicherweise sogar verlässlicher als manche gesunden Kollegen. Es gibt viele andere, unberechenbare Einflüsse, die einen Künstler in seiner Tätigkeit einschränken können. Dazu gehören z. B. psychische Belastungen wie Selbstzweifel und Lampenfieber. Aber niemand würde sagen: *„Ich kann Ihnen nicht garantieren, dass ich vor der Premiere nicht magenkrank werde oder wegen künstlerischer Differenzen aussteige – engagieren Sie mich trotzdem?"*

Sollte tatsächlich danach gefragt werden, warum Sie die Schauspielausbildung nicht abgeschlossen haben, können Sie wahrheitsgemäß antworten, dass Ihr Schulleiter Ihnen nicht die Möglichkeit dazu geben wollte – anders als andere Dozenten. Dass Sie sich dann aber entschieden

> hätten, Ihren Weg ohne den Abschluss an dieser Schule zu machen und sich nun um einen weiteren bemühen.
> Natürlich bedeutet Ihre Krankheit eine Belastung. Deshalb sollten Sie sich auch ein gutes Polster an Rückendeckung verschaffen – durch einen Arzt Ihres Vertrauens und über Eltern, Freunde und Partner, die sie unterstützen. Aber betrachten Sie es auch einmal so: Ihr Lebensweg hat Ihnen schon zu Beginn viel Stärke abverlangt und Sie im Umgang mit Belastungen geschult. Das ist eine wertvolle Erfahrung – gerade für den Schauspielberuf."

## Zweites Standbein

Nichts empfinden Kreative demütigender als den Ratschlag, ein zweites Standbein aufzubauen. Offenbar setzt dies voraus, in dem kreativen Beruf versagt zu haben, ein wert- und hoffnungsloser Fall zu sein. Wer Talent hat, wird es zu etwas bringen. Wer es zu etwas bringt, verdient damit genug Geld zum Leben. Der Umkehrschluss ist klar.

Ich halte diese Ansicht für überholt und vor allem deutsch. Sie bedingt auch einen unfairen Kreislauf: Wenn Kreative sich vor dieser Abwertung schützen möchten und behaupten, sie würden von ihrer Tätigkeit leben können (und dies aber nicht der Wahrheit entspricht), verzweifeln andere daran, wenn sie es nicht erreichen und sorgen v. a. nicht dafür, dass sie ihre Existenz und damit auch ihre kreative Tätigkeit auf andere Art und Weise sichern. Es wird zu wenig offen thematisiert, dass viele Kreative deshalb ihre Projekte realisieren können, weil sie von einer

Erbschaft, einem Mäzen, einer öffentlichen Förderung, einem Lebenspartner oder ähnlicher Unterstützung getragen werden. Die Scham deswegen ist groß. Damit sollte Schluss sein. Kreative müssen sich ihr Leben so gestalten, dass sie überleben können. Das bedeutet, dass sie genug Nahrung für Körper, Geist und Seele bekommen. Für Kreative heißt das: kreieren. Wenn sie sich endlich freimachen von äußeren Vorgaben und sich selbst erlauben, dass sie sich kreativ ausleben müssen, fangen sie an, strategisch die Umstände dafür zu schaffen. Scham ist hier fehl am Platz. Und Abwertung zynisch. Wird das Werk eines Künstlers geschätzt, interessiert es niemanden mehr, wie er seinen Lebensunterhalt verdient hat. Das bekommen wir dann in einem Porträt als Bonbon geliefert: *„Er war vorher Zeitungsjunge/ Leichenwäscher/Nachhilfelehrerin/Anwalt/ Putzhilfe/Callboy/Banker etc."*

---

**Fallbeispiel Lydia, 29**

*„Ich bin Schauspielerin und mein Leben besteht aus Warten – auf Anrufe von meiner Agentur, von Castern, Regisseuren oder sonstigen Leuten, die mir einen Job geben könnten. Ich bin es leid, das wartende Opfer zu sein. Ich bin kurz davor hinzuschmeißen und eine Umschulung zur Logopädin zu machen. Das Jobcenter wäre hocherfreut. Können Sie mir irgendeinen Grund nennen, warum ich es doch weiter als Schauspielerin versuchen sollte?"*

„Neulich wurde ich gefragt, ob ich heutzutage jungen Menschen noch ernsthaft empfehlen könnte, eine Schauspielausbildung zu machen. Die Frage hat mich geärgert. Denn darin ist eine Einstellung zu Kultur versteckt, die mir immer wieder begegnet und die ich für unangemessen überheblich halte: Der Grund, warum junge Leute sich mit Texten, mit Rollen, mit Dramaturgie, mit Stimme, Körper, Sprache und sich selbst intensiv auseinandersetzen möchten, warum sie mit einem Publikum über Aspekte des Lebens, der Gesellschaft, der Menschen kommunizieren wollen, wird für unwichtig erklärt vor dem Hintergrund der Notwendigkeit der Existenzsicherung und eines gesellschaftlichen Status. Der Kulturmarkt, das Business, das Metier werden höher bewertet als das Talent und der Antrieb eines Künstlers. Das ist nun für sich genommen nichts Neues – Künstler und Nicht-Künstler schauen seit Jahrhunderten ratlos auf die Lebensform des jeweiligen Gegenübers. Besonders ärgerlich daran ist aber, dass die zunehmende Verknappung bzw. schlechte Bezahlung von Arbeit für Kreative dazu führt, dass sich diese Einstellung auch bei ihnen selbst zeigt: *„Verdiene ich kein Geld, bin ich kein Künstler."*

Auf die eingangs erwähnte Frage habe ich geantwortet: *„Ja, unbedingt!"* Warum? Weil es die Persönlichkeitsentwicklung fördert und das Leben nachhaltig reicher macht – egal, womit man schließlich seine Brötchen verdient. Weil die Tätigkeit ihren Wert in sich trägt. Weil eine Gesellschaft sich nur dann erhalten kann, wenn sie sich mutig neu erfindet und gestaltet – auch, indem Risiken eingegangen werden. Nicht zufällig werden Künstler heute für die Wissenschaft immer interessanter: Sie leben neue Geschlechterrollen, haben im Schnitt höhere Bildungsabschlüsse und ihre Zufriedenheit steigt mit der Zahl ihrer Arbeitsstunden.

Ja, es gibt viele Gründe, warum ich finde, dass es sich lohnt, dass Sie weiterhin als Schauspielerin tätig sind. Sie kennen sie alle selbst (sonst wären Sie es ja nicht geworden) – sie sind nur in den Hintergrund getreten vor den Ansprüchen der Eltern, der Nachbarn, des Jobcenters oder Ihren eigenen. Das ist nur zu verständlich. Wenn Sie aus dieser Haltung heraus Logopädin werden, sehe ich darin keine Lösung. Wenn Sie aber zurück zu Ihren Wurzeln gehen und Ihr Talent sowie alle damit verbundenen Fähigkeiten mit Stolz tragen und in Ihr Leben integrieren, werden Sie sicher Ihre Zeit nicht weiter mit „Warten auf …" verbringen und schon gar kein Opfer sein.

> Schreiben Sie, spielen Sie, lesen Sie, träumen Sie, gehen Sie ins Kino und ins Theater, akquirieren Sie auch mal wieder! Und sollten Sie sich schließlich aus den gegebenen Umständen in einer Ausbildung zur Logopädin wiederfinden, wird das noch lange nicht bedeuten, dass Sie keine Schauspielerin mehr sind. Oder?"

## Einsamkeit

In kreativen und künstlerischen Berufen sollte man gut für den Umgang mit Einsamkeit gewappnet sein. Das gilt für den Fall des Erfolges. Und für den Fall des Misserfolges. Und für den Fall, dass beide sich abwechseln. Wenn man ein Solo tragen muss. Oder einen Karriereschritt wagen. Wenn innerhalb eines Projektes eine Art Familie, eine innige Gemeinschaft entstanden ist, von der man sich nach dem Abschluss wieder verabschieden muss, weil sie einer Scheinwelt entspricht, die in sich zwar stimmig, deren Bestand in der Realität aber fraglich ist. Es gilt für die Begegnung mit Arbeitgebern oder Publikum, die große Begeisterung gezeigt haben und innerhalb einer Sekunde zu nüchternen Feinden werden, wenn ihre Interessen in Gefahr sind. Es gilt für die Momente voller Selbstzweifel und Überforderungsgefühle. Es gilt auch für beglückende Flow-Momente des Produzierens, Erfindens, Gestaltens, die andere nicht teilen können. Es gilt für die strategische Planung des Lebens mit einem kreativen Beruf.

## 4 Der persönliche Modus Vivendi

**Fallbeispiel Martin, 26**

*„Ich habe vor einem Jahr meine Schauspielausbildung abgeschlossen und schon jetzt das Gefühl, dass ein einsames Leben vor mir liegt. Gibt es überhaupt jemanden, dem ich in diesem Beruf vertrauen kann? Bekomme ich unfaire Kritik vom Regisseur, bin ich allein, bei der Kritik von Kollegen weiß ich auch oft nicht, ob sie ehrlich ist oder nicht. Und wenn ich einen Erfolg feiern kann, habe ich das Gefühl, dass sich die Freude meiner Kollegen darüber in Grenzen hält. Verlernen Schauspieler Solidarität, weil sie ständig um das nächste Engagement zittern müssen?"*

„Wir verzeihen verschiedenen Berufsgruppen bestimmte Verfehlungen besonders ungern. So erwarten wir von einem Arzt, dass er einigermaßen gesund lebt. Ein Jurist, der gegen das Gesetz verstößt, kommt uns besonders verwerflich vor. Von Schauspieler(inne)n erwartet man ein überdurchschnittliches Maß an Geselligkeit und Bereitschaft zur persönlichen Nähe. Sind sie nicht teamfähig, gehemmt oder vom Ehrgeiz getrieben, hält man zunächst erstaunt inne. Sicher ist einer der Gründe für ihre Berufswahl, dass sie sich gerne in ihrer Rolle und im Austausch mit dem Ensemble ausleben. Es gibt aber auch andere Gründe, die nicht unbedingt zu solidarischem Verhalten qualifizieren wie z. B. das Gefühl, etwas Besonderes zu sein und die Sehnsucht nach Aufmerksamkeit. Erschwerend wirkt sich dann – wie Sie ganz richtig bemerken – der überfüllte Arbeitsmarkt auf die Möglichkeiten aus, diese Wünsche auch zu erfüllen. Schauspieler(innen) befinden sich damit in einem Spannungsfeld zwischen besonders hoher Motivation auf der einen Seite und großer Abhängigkeit (von der Meinung und Entscheidungsmacht anderer) auf der anderen Seite. Die wenigsten können das entspannt hinnehmen, einen Blick auf ihr leeres Konto werfen und sich sagen: *„Ich freue mich für XY, dass er die Rolle/die gute Kritik/das Lob/die hohe Gage bekommen hat."* Gelingt es Ihnen? Wenn die eigenen Ziele unerreichbar erscheinen, steigt das Maß an Frustration und die Hilfsbereitschaft sinkt – das spüren Sie offenbar schon jetzt am Beginn Ihrer Karriere. Die schlechte Nachricht lautet: Es wird nicht besser. Die gute: Schauspieler(innen) sind häufig witzig, empathisch, unterhaltsam, vielseitig, nachdenklich, emotional und bindungsfreudig. Damit eignen sie sich unbedingt zur Freundschaft. Hierin liegt Ihre Chance, sich eine ganz persönliche Oase vertrauensvoller Unterstützung zu schaffen, wenn das Metier allgemein wenig davon bereithält.

Vor einiger Zeit behauptete ich einer Schülerin gegenüber, sie solle davon ausgehen, dass sich niemand, der ihr in diesem Metier begegne, ernsthaft für sie interessiere. Warum habe ich das gesagt? Weil die Schülerin mir am Herzen liegt und ich sehe, wie sie hofft, mit jeder Zeile, die sie spricht, Kontakt herzustellen, und furchtbar enttäuscht darüber ist, wenn sich die Art von Verbindung nicht herstellen lässt, nach der sie sich sehnt. Weil ich meine, dass ihre Entscheidung, Schauspielerin zu werden, eine sehr individuelle war, deren Folgen – erfreuliche wie unschöne – sie alleine tragen wird. Und weil sie dabei in erster Linie auf sich selbst vertrauen können muss, um ihre Ziele zu erreichen. Ihre Person ist das Material, das es zu pflegen und zu schützen gilt. Ich werde ihr aber bei der nächsten Gelegenheit meine Aussage etwas genauer erklären: dass sich niemand wirklich für sie interessiere, sollte nur pointiert ausdrücken, wie wichtig es ist, einen scharfen Blick und eine besondere Wertschätzung für die Ausnahmen von dieser Regel zu entwickeln."

### Fallbeispiel Anna, 36

*„Ich bin Schauspielerin und arbeite hauptsächlich beim Fernsehen. Von den ca. 10–15 Drehtagen im Jahr kann ich zwar leben, aber natürlich wünsche ich mir mehr und auch interessantere Angebote. Meine Freundin ist eine in*

## 4 Der persönliche Modus Vivendi

*Deutschland sehr bekannte Schauspielerin, die sich aus den guten Angeboten die besten aussuchen kann. Wie sehen Sie das: Könnte ich erwarten, dass sie sich für mich einsetzt?"*

„Ja, weil ich glaube, dass es eine Selbstverständlichkeit sein sollte, sich gegenseitig zu helfen, wenn man miteinander befreundet ist. Falls Ihre Freundin nicht prominent geboren wurde, wird sie sich an den Weg dorthin erinnern und wissen, dass Ihre schauspielerische Qualität nicht reicht, um immer wieder engagiert zu werden. Dass es dafür zum Beispiel Menschen braucht, die Ihr Können schätzen und bei Gelegenheit von dem Einfluss, den sie haben, Gebrauch in Ihrem Sinne machen: den Telefonhörer in die Hand nehmen oder Ihren Namen ins Spiel bringen.

Aber auch: Nein, Sie können es nicht erwarten. Der Markt ist eng und flüchtig. Wer garantiert Ihrer Freundin, dass Sie morgen nicht die Rollen tauschen? Auf der Karriereleiter bis nach oben geklettert zu sein, bedeutet in diesem Beruf nicht, sich einflussreich und sicher zu fühlen. Ich kenne einen solchen Fall: ein prominenter Schauspieler, der sich scheute, seine Frau zu protegieren. Beide hätten sich damals dafür geschämt. Heute sind die Rollen anders verteilt: Sie hat sich etabliert, ihm traute man nach einer ernsthaften Krankheit den Einstieg nicht mehr zu. Aber es gibt noch einen anderen, heiklen Aspekt Ihrer Frage: Ich hörte einmal, wie ein vielbeschäftigter zu einem weniger beschäftigten Schauspieler auf dessen leichthin gestellte Frage: *„Wieso bekommst Du eigentlich immer die tollen Rollen und ich nicht?"* antwortete: *„Weil ich besser bin als Du."* Da sind wir an einem Punkt angekommen, der Schauspieler(innen) wohl bis in alle Ewigkeit beschäftigen wird: Was ist „gut"? Und warum? Sind Sie „gut"? Und findet Ihre Freundin das auch? Und umgekehrt: Was halten Sie tatsächlich von ihr? Sind Sie der Meinung, dass sie sich zu Recht die Rollen aussuchen kann? Und ist sie es selbst auch? Oder plagen sie ebenfalls Ängste und Zweifel? Oder (miss)braucht sie Sie als Publikum? Sicher ist auch Ihrer Freundin schon aufgefallen, dass Sie zum Arbeitsamt gehen, während sie Text lernt. Vielleicht möchte sie Sie

> mit einer Unterstützung nicht beschämen? Oder es ist ihr aus Gründen wie den oben genannten tatsächlich unangenehm, sich für Sie einzusetzen?
> Nicht Ihre Karriere steht auf dem Prüfstand, sondern Ihre Freundschaft. Denn ob Ihre Freundin Ihnen beruflich wirklich helfen könnte, bleibt offen. Aber ob sie tatsächlich eine ist, entscheidet sich auch daran, ob sie über den eigenen Erfolg Ihre Nöte nicht vergisst und ein Gespräch über Fragen wie Ihre möglich ist. Meiner Ansicht nach sollte ein Erfolgsgefälle unter Freund(innen) nicht tabuisiert werden. Vielleicht machen Sie den Anfang?"

# Scham

Ich habe es nicht immer explizit so benannt, aber die vorangegangenen Kapitel beschäftigen sich sehr viel mit dem Thema Scham und Beschämung. Bewegt man sich im künstlerischen Metier, hat man unweigerlich ständig damit zu tun. Weil einerseits für natürliche Scham dort (zu) wenig Platz ist und andererseits überflüssige produziert wird. Aus diesem Grund wird man häufig Zeuge von sog. Schamabwehrreaktionen. Die Bandbreite reicht hier von der Beschämung anderer, Zynismus, Arroganz, Aggression, Neid, Trotz und Schamlosigkeit über Erstarrung, Maskenhaftigkeit und Perfektionismus bis hin zu Rätselhaftigkeit und Sucht (vgl. Marks 2015). Daher geht es in meiner Arbeit sehr viel um Würde. Manchmal höre ich von neuen Klienten den Satz: *„Ich möchte zu Ihnen kommen, weil ich mich bei Ihnen nicht schämen muss."*

Damit ist gemeint: für die Berufswahl, für die Biografie, für die Persönlichkeit, für die Pläne, Ideen und Träume. Und das stimmt. In meinen Räumen wird nicht darüber diskutiert, ob es sinnvoll ist, ein Künstler zu sein oder kreative Ideen realisieren zu wollen. Manchmal reicht allein das Bemühen um einen würdevollen Raum aus, um Kreative aus der Erstarrung, die Scham verursacht, zu lösen und ins Tun kommen zu lassen. Der Schamforscher Stephan Marks sagt: *„Scham ist wie ein Seismograph, der sensibel reagiert, wenn das menschliche Grundbedürfnis nach Anerkennung, Schutz, Zugehörigkeit oder Integrität verletzt wurde. (…) Dieser Seismograph reagiert auch, wenn man Zeuge ist, wie die Würde anderer Menschen verletzt wurde oder wenn dieser sich selbst entwürdigt („fremdschämen"). Die vier Themen der Scham sind wie ein Mobile, das jeder Mensch in jeder Situation neu ausbalancieren muss. Die Würde eines Menschen zu achten, bedeutet damit – aus Sicht der Scham-Psychologie – ihm oder ihr „überflüssige", vermeidbare Scham ersparen: nicht zu beschämen. Das heißt, einen „Raum" zur Verfügung zu stellen, in dem er oder sie Anerkennung, Schutz, Zugehörigkeit und Integrität erfährt"* (Marks 2016). Als Künstler haben Sie in der Regel eine lebendige Verbindung zu Ihrer Gefühlswelt – und so nehmen Sie auch Ihre Scham oder die Scham anderer wahr. Sie wollen mit Ihrer Arbeit Kontakt herstellen? Scham unterbricht den Kontakt zur Umwelt. Insofern ist es für Ihre Arbeit unerlässlich, dass Sie sich dort entfalten, wo Scham möglich ist und keine überflüssige produziert, sondern Ihre Würde geachtet wird.

Kümmern wir uns um Anerkennung, Schutz, Zugehörigkeit und Integrität in unserem Leben und die Chancen, dass wir uns darin richtig, aufgehoben und wohl fühlen, stehen sehr gut.

*„Es gibt keinen roten Faden, der rote Faden ist man selber."* (Maximilian Schell 2010)

## Kurzporträts

Vor einiger Zeit brachte das deutsche Fernsehen eine Reihe mit dem Titel „Deutschland – Deine Künstler". Bei mir weckte das die Assoziation, dass mir ein Überblick über diese Berufsgruppe gegeben werden würde. Falsch. Es waren sehr schöne Porträts wunderbarer Künstlerpersönlichkeiten, deren Leben – es sei ihnen unbedingt gegönnt! – nicht im Mindesten „Deutschlands Künstler" repräsentieren. Vergleichbar wäre dies damit, wenn eine Sendung mit dem Titel „Deutschland – Deine Wissenschaftler" alle verfügbaren deutschen Nobelpreisträger porträtiert hätte. Die Wissenschaftler Deutschlands sind uns in der großen Mehrzahl vollkommen unbekannt und werden es zeitlebens bleiben. Und so ist es mit den Künstlern. Deshalb möchte ich an dieser Stelle einen eigenen kleinen Porträt-Reigen eröffnen und Ihnen Künstler vorstellen, die seit Jahren die kulturelle Landschaft Deutschlands prägen. Sie sind alle „Stars" ihrer eigenen Branche, insofern also auch bereits in einer privilegierten Situation, aber trotzdem wette ich, dass Sie Ihnen bisher unbekannt waren.

## 4 Der persönliche Modus Vivendi

## Anett Simmen

Anett ist Choreografin und Regisseurin und „The Artists' Way Of Life" in Reinform. Sie steht für alle im letzten Kapitel dieses Buches genannten Tugenden. Denn sie ist ein Musterbeispiel an Primärmotivation, d. h. sie agiert unabhängig von äußerer Belohnung. Es ist ein innerer Lohn, der sie antreibt, und das in einem Tempo, das seinesgleichen sucht. Würde sie auf dem allgemeinen Arbeitsmarkt einen Job suchen, könnte sie sich sicher ihre Position aussuchen. Arbeitgeber träumen von Arbeitnehmern wie Anett Simmen. Sie lebt und arbeitet nach dem Motto *„Ich bin schon da!"* des Igels in „Der Hase und der Igel" – mit dem Unterschied, dass sie keinen Doppelgänger hat.

> *„Anett, es wäre doch gut, wenn Du eine Broschüre …" (Sie kramt in ihrer Tasche und holt eine heraus) „Meinst Du so?".*
> *„Ja …"*
> *„Anett, ich dachte daran, dass Ihr Euch öffentlich zeigen …"*
> *„Ich wollte Dich gerade einladen. Der Präsentationstermin steht jetzt fest!"*
> *„Anett, ich habe da von einem Netzwerktreffen gehört, das für Dich interessant sein könnte …"*
> *„Du meinst aber nicht das, wo ich vor zwei Tagen war?"*

Es ist eine Freude zuzusehen, wie sie Stück für Stück ihrem Ziel näher kommt: ihre Genre übergreifende Company VoLA zu etablieren. Tänzer, Artisten, Sänger, Musiker, Schauspieler – alle auf dem höchsten Niveau und selbst angetrieben von dem Wunsch, ihre Kreativität in der Arbeit voll ausleben zu können.

**Anett, kannst Du mir einen typischen Arbeitstag schildern?**

„Einen typischen Arbeitstag habe ich nicht wirklich. Da ich viel unterwegs bin und neben dem Aufbau der Company für unterschiedliche Ensembles und Unternehmen arbeite, um mein „täglich Brot" zu verdienen, hängt es immer vom entsprechenden Auftrag ab. Deswegen beschreibe ich dir mal, wie es gestern und vorgestern war. Vorgestern: 04:00 aufstehen, Kaffee aufsetzen. 04:30 Computer einschalten, ein Glas Wasser und Kaffee trinken, zu mir kommen. 04:35–05:15 Mails bearbeiten, ggf. Rechnungen schreiben, Aufgabenliste bearbeiten. 05:15–06:00 Probe und Tag vorbereiten, Musikstücke zurechtmachen, Choreografien und Szenen checken. 06:00–06:45 Duschen. 06:45 schnell einen Apfel oder Brot einpacken, Kaffee für die Fahrt eingießen, ins Auto setzen – los. 07:00–09:00 Fahrt nach Herzberg – dort arbeite ich mit Menschen mit Behinderung. Während der Fahrt: Hörbuch hören oder Musiken für Choreografien in Dauerschleife abspielen. 09:00 Theaterteam treffen, Probe, Tag, Anstehendes besprechen. 09:45–14:00 Probe. 14:00–14:30 Nachbesprechung. 14:30–17:00 Rückfahrt (dauert meist länger). Während der Fahrt: Telefonate führen, Gedanken schweifen lassen, Ideen durchgehen. 17:00 Computer einschalten, Kaffee oder Tee aufsetzen. 17:15–23:00 Musik schneiden, Mails beantworten, Aufträge und Anfragen abarbeiten, Organisatorisches (für ein aktuelles Agentur-Showing muss ein Team von ca. 30 Leuten koordiniert werden). 23:00 ins Bett. Gestern: 07:00–08:00 Büro. 09:00–09:30 Aufbau Potsdam Probe. 10:00–12:30 Probe Team 1. 13:00–16:00 Probe Team 2. 16:00–18:30 finetuning LED-Pois-Programmierung für Show am Freitag. 19:30–21:30/22:00 Rotary-Meeting. Zwischendurch muss ich: Essen, Workshops und Proben organisieren sowie vor- und nachbereiten, Choreographien* *entwickeln, Theaterstücke und Shows kreieren, recherchieren, Kostüme und Bühnenbilder entwerfen, auftreten und selbst auf der Bühne stehen, fit bleiben, Buchhaltung, Meetings organisieren, Ideen für Kunden entwickeln, Inszenierungen promoten, neue Website entwickeln, Gelder für den Aufbau der Company akquirieren, Lagerraum und Requisiten pflegen, Netzwerken, Politiker überzeugen und Zukunftsvisionen spinnen."*

**Wenn alles ins Ziel gehen würde, wofür Du so hart arbeitest – was käme am Ende dabei heraus?**

*„Ich könnte meinen Traum leben und sowohl ich als auch „meine" Darsteller könnten davon ruhig leben. Der Traum ist, Inszenierungen für Theater, Varietés und Events zu realisieren und immer wieder neue Ideen umzusetzen. Ich möchte das Publikum mit meiner Kunst aus ihrem Alltag entführen und sie im Herzen berühren, die Tiefe und Schönheit des Lebens mit all seinen Facetten zeigen. Ein Traum ist natürlich auch, eine eigene Spielstätte aufzubauen und Tournee-Produktionen zu realisieren. Und es wäre großartig, Bereiche wie Marketing, Organisation, Kostüm, Requisite u. v. m. outsourcen zu können oder Partner ins Boot zu holen, die mit uns gemeinsam an einem Strang ziehen. Mein aktuelles Pensum ist auf die Dauer ja so nicht fortführbar. An sich lebe ich ja schon meinen Traum, doch der Preis, den ich im Augenblick dafür zahle, ist immens hoch."*

## Jeannine Michele Wacker

Jeannine ist Sängerin, Tänzerin, Schauspielerin und Songwriterin. Für Insider: Sie war die *Scaramouche* in *We will rock you*, die *Janet* in der *Rocky Horror Picture Show* oder die *Serena* in *Fame*. Aktuell spielt sie die weibliche

Hauptrolle in der ARD-Telenovela „Sturm der Liebe". Jeannine ist ein Paradebeispiel für den inneren roten Faden. Bei ihr könnte man von einem inneren, roten Seil sprechen, so eindeutig ist erkennbar, dass sie unbeirrbar ihren Weg geht – nicht zu verwechseln mit „im Tunnelblick voranhetzt". Sie verfügt gleichzeitig über zwei Fähigkeiten, die für Künstler in ihrer Ergänzung unbezahlbar sind: Sie kann einerseits tief in sich hineinsehen, hauchzart und hochemotional sein und andererseits aus einer inneren Distanz analytisch und nüchtern glasklar. Das Ergebnis davon ist ein strategisches Denken, das ich jedem Künstler wünsche. Denn Strategie meint keine kalte Berechnung, sondern im Gegenteil: ein emphatisches, warmes, unterstützendes und dabei konsequentes und strukturiertes Handeln. Und das alles im Sinne der eigenen Interessen! Ich habe selten eine so mutige junge Frau wie Jeannine kennen gelernt. Und Mut ist nur dort zu finden, wo Ängste zu überwinden sind. Ich bin sicher, dass wir noch viel von ihr hören werden, und falls nicht, wird es ihre Entscheidung gewesen sein.

**Jeannine, wenn Du Dir die perfekte Arbeitsatmosphäre schaffen könntest: Woraus würde sie sich zusammensetzen?**
*„Drei Dinge sind mir wichtig: Respekt, Vertrauen und die Bereitschaft zur Kommunikation. Respekt meint für mich, dass alle, die an einem Projekt arbeiten, sich gegenseitig in ihrer Kreativität ernst nehmen. Manchmal sind Künstler so absorbiert, dass sie nicht mehr wahrnehmen, dass der neben ihnen auch seinen kreativen Beitrag leisten möchte. Also dass man sich auf Augenhöhe begegnet. Dann eine Atmosphäre,*

*die von Vertrauen geprägt ist, sodass man auch Fehler machen darf und nicht nur „liefern" muss. Natürlich muss man schon wissen, wann es angebracht ist, aber ich arbeite kreativ am besten, wenn ich weiß, dass mein Gegenüber Vertrauen in meine Fähigkeiten hat und ich also auch mal daneben greifen kann. Und mit Kommunikation meine ich, dass man mich als denkendes Gegenüber wahrnimmt. Ich habe oft das Gefühl, dass man nur sagen muss: „Ich singe und tanze" und schon wird man zum Tanzbär und auch so behandelt."*

**Würdest Du mir verraten, was Du für den Hauptbestandteil Deines inneren Motors hältst?**

*„Es fällt mir schwer, das zu formulieren, aber ich weiß genau, wie es sich anfühlt: als würde ich alles zusammenpuzzeln, immer mehr Teilchen hinzufügen und in Abständen nachschauen, was noch fehlt. Die Sängerin Jessie J drückt das so aus: „I'm perfectly incomplete. I'm still working on my masterpiece." Das Gefühl dabei: Es muss fertig werden, aber es ist nicht schlimm, wenn es nicht fertig wird. Vielleicht sogar im Gegenteil: Ich habe schon als Kind Zehnjahrespläne gemacht, wo ich einmal hinmöchte. Einmal stand da drin, dass ich eine Musical-Hauptrolle spielen möchte. Als ich dann die Scaramouche in „We will rock you" war, dachte ich: „Mist, ich bin auf der letzten Stufe angekommen. Was mache ich denn jetzt?" Mir war so der Wind aus den Segeln genommen. Ja, was mich antreibt, ist die immer wiederkehrende Frage: Was füllt die Segel?"*

## meinhardt krauss feigl

meinhardt krauss feigl sind ein Phänomen, das sich nicht so leicht beschreiben lässt. Sie sind ein

Figurentheater-Ensemble. Und doch so viel mehr. Für meinhardt krauss feigl müsste eine Bezeichnung her, die Folgendes umfasst: Sie sind Denker, Forscher, Techniker, Tänzer, Musiker, Regisseure, Dramaturgen, Poeten, Philosophen, Ensemble und Individualisten, Soziologen, Bildende Künstler, Video-Virtuosen, Finanzplaner, Figurenbauer und -spieler, Erfinder, Freigeister, Eltern, Komponisten, Arrangeure, Sekretäre, Visionäre, Demokraten, Seelenverwandte, Bühnenbildner, Autoren, Kulturmanager, Förderer anderer Kreativer, drei Männer und eine Frau. Seit 2000 gibt es sie als meinhardt & krauss, seit 2012 mit feigl. Sie selbst sagen: *„Wir machen cinematographic theatre."* Jedes Stück eröffnet den Zuschauern wieder eine neue Welt, die sie mit den ihnen eigenen Mitteln erschaffen: einem spannenden Thema. Thorsten Meinhardts Musik. Mit Iris Meinhardt auf der Bühne – als Tänzerin, als Schauspielerin, als Figurenspielerin, als Projektionsfläche (im wörtlichen Sinn). Manchmal allein, manchmal mit einem oder mehreren Gästen des Ensembles. Mal mit Text, mal ohne. Durch die Bilder der Regie von Michael Krauss und seine und Oliver Feigls Video-Projektionen, die zu erklären mir das technische Verständnis fehlt. Ich weiß nur, dass Kenner von ihrer Umsetzung der Verfahrenstechnik begeistert sind. Ich hingegen bin Publikum und gebe mich einfach den optischen Illusionen hin, die sie erschaffen. meinhardt krauss feigl erhalten an staatlicher Förderung ungefähr das, was staatliche Förderung hergibt. Das bedeutet, dass sie trotz Erfolg bei Publikum und Kritik nicht von ihren Projekten leben können. Damit sind sie nicht allein. Eine mit Preisen überhäufte

Autorin, die regelmäßig bei einem anerkannten Verlag ihre Romane veröffentlicht, sagte mir: *„Fakt ist, ich werde nie davon leben können."* Oder ein Schauspieler, den ich meinte, täglich im Fernsehen erleben zu können: *„Letztes Jahr hatte ich einen Drehtag. Was Du da siehst, sind wahrscheinlich Wiederholungen."* Ich wünsche meinhardt krauss feigl, dass sie es schaffen, aus ihren vielfältigen Kompetenzen ein Angebot zu kreieren, das sie alle ernährt. Ich halte es unbedingt für möglich, weil es neben den Bühnen weitere Branchen – auch theaterferne – gibt, die ihre Dienste gut nutzen könnten.

**Iris, Michael, Thorsten und Oliver: Nehmen wir mal an, ich käme Euch im Jahr x besuchen und zu diesem Zeitpunkt hättet Ihr alles erreicht, wovon Ihr träumt. Wie und wo würde ich Euch vorfinden? Wer wäre dabei und was würdet Ihr tun?**
*„Du würdest uns in einer kleinen Halle mit einem angeschlossenen Büro antreffen. Mit einer Büroleitung! Und es gäbe ein Tonstudio. In dieser Halle würdest Du uns proben sehen und der Aufbau könnte dort so lange stehen bleiben, wie wir es brauchen. Jetzt müssen wir manchmal nach der Probe und vor der nächsten das gesamte Bühnenbild ab- und wieder aufbauen, was bei unserer Kunstform enorm aufwendig ist. Die Halle und das Büro würden uns kurze Wege ermöglichen und damit v. a. auch den persönlichen Kontakt statt der E-Kommunikation, die wir aufgrund der Distanzen jetzt häufig nutzen müssen. Aktuell reiben wir uns alle in den notwendigen Nebenjobs auf. Der Traum ist es, genug Geld zur Verfügung zu haben, um unsere Ensemble-Arbeit ganz oben auf die Prioritätenliste setzen und damit auch eine größere Verbindlichkeit im Ensemble herstellen zu können.*

*Das Geld für all das käme aus Auftragsarbeiten, die wir für finanzstarke Branchen übernehmen würden: Messen, Events, Firmen, Workshops, Auftragsinszenierungen etc. Wir würden mit vielen Menschen gemeinsam digitale Kunstformen realisieren, hätten musikalisch einen eigenen Klang, einen ganz speziellen Sound für unser Theater entwickelt. Aber wir hätten damit auch einen Ort zur Förderung anderer Kreativer geschaffen mit Residenzprogrammen oder Urlaubsstipendien. Das Schöne am Theater ist ja das Zusammenwirken mehrerer Personen mit unterschiedlichen Professionen an einem gemeinsamen Projekt. Man muss nicht der Lonely-Fighter sein, der sich alleine mit vielen Problemen konfrontiert sieht. Dadurch gewinnt man an Qualität und schafft sich ein eigenes Weiterbildungsfeld. In einem solchen Ensemble kann man sich seine Lehrinhalte selbst setzen, selbst darüber entscheiden, woran man sich aufreiben, was man vertiefen und woran man evtl. auch scheitern möchte. Unser Traum ist es, uns immer weiter verbessern zu können und die finanzielle Freiheit zu haben, nur das zu machen, was wir gut finden. Es würde unser Vierer-Team im Kern genau so weiter geben und dennoch würden wir uns auch Einflüssen von außen öffnen, d. h. mit anderen Musikern, Tänzern, auch Videokünstlern arbeiten. Zusammengefasst wünschen wir uns: Raum und Zeit. So arbeiten zu können, wie Kinder spielen: vor sich hin, ohne Ziel, ohne vorher genau zu wissen, was nachher herauskommt. Das ist ein Traumzustand. In einem Artikel des Goethe-institutes über uns und andere Figurentheater-Ensembles stand: „Die strukturelle Widerständigkeit des Figurentheaters generiert Anders- und Gegenwelten, die in soziale und politische Prozesse weiterzuwirken vermögen. Das ist seine große Chance. Den poetischen „Zwischenraum" als einen Ort gesellschaftlicher Relevanz zu etablieren, bleibt seine große Zukunftsaufgabe." [Katja Spiess, „Die widerständige Kunst",*

*A.G.]. So einen Zwischenraum – in dem man aber leben kann – das würden wir gerne kreieren."*

Iris Meinhardt: Darstellende Künstlerin, Figurenspielerin und -bauerin, Produktion und Konzeption
Michael Krauss: Regisseur, Videokünstler, Szenograf, Produktion und Konzeption
Oliver Feigl: Videokünstler
Thorsten Meinhardt: Musiker, Musikproduktion

## Tobias Bieri

Tobias Bieri ist Sänger, Schauspieler, Musiker und Tänzer. Aber auch: Technikfreak, Songwriter, Producer und Kitesurfer. Bis jetzt arbeitet er v. a. als erfolgreicher Musicaldarsteller (z. B. als *Kronprinz Friedrich*, als *Simon* in *Jesus Christ Superstar*, als *Galileo in We Will Rock You* oder als *Schlomo* in *Fame*), aber letztlich kann man das fast Zufall nennen. Wäre seinem Studium des Faches „Musical/Show" an der Universität der Künste in Berlin das Angebot eines Wassersport-Sponsors oder ein Informatikstudium oder eine Modelagentur zuvorgekommen, hätte er stattdessen das zum Erfolg geführt. Denn alles, was er tut, tut er mit voller Hingabe und mit dem höchsten Anspruch an sich selbst. Wenn so viele unterschiedliche Talente ebenbürtig bei einer Person ausgeprägt sind, besteht die größte Herausforderung darin, genau zu erspüren, welches wann nach welcher Pflege verlangt und dann gut zu kalkulieren: Wie kann ich den Standard definieren, den ich in diesem Feld anvisiere, wenn ich gewöhnt bin, überall in der Oberliga zu spielen, aber ahne, dass nicht alles auf einmal geht? Wie schaffe ich es, meinen Begabungen einerseits genug Futter zu bieten und trotzdem nicht an meinen eigenen Ansprüchen zu verzweifeln? Tobias bekommt das bestens in den Griff, weil er die Fähigkeit hat, sich innerhalb einer Sekunde auf eine neue Herausforderung voll einzustellen. Man kann sogar sagen: Je höher die Anforderung an seine Flexibilität, desto lieber ist es ihm.

**Tobias, kannst Du mir sagen, was Du seit Deinem Abschluss an der UdK in Berlin vor einigen Jahren über das Dasein als Künstler und das Business gelernt hast? Was waren die wichtigsten Erkenntnisse für Dich?**
*„Ich habe festgestellt, dass ich auf mein Gefühl, meine innere Stimme hören muss. Sie sagt mir sehr zuverlässig, wenn etwas nicht stimmt. Wenn ich sie wahrnehme, kann ich darauf reagieren und die Umstände verändern oder aber sie bewusst akzeptieren. Das ist für mich die einzige Möglichkeit, längerfristig bei Verstand zu bleiben."*

**Nehmen wir an, Du hättest so viel Zeit zur Verfügung, wie Du wolltest: was würdest Du damit anfangen?**
*„Meine ehrlichste Antwort wäre: keine Ahnung. Natürlich könnte ich jetzt alles aufzählen, was ich gerne realisieren würde, aber das hängt so eng damit zusammen, wann mir wieviel Energie zur Verfügung steht, dass ich nur auf „Was will ich jetzt machen?" antworten kann. Die Frage ist natürlich auch: Hätte ich auch so viel Geld zur Verfügung, wie ich wollte? Wenn ja, würde ich zuerst wohl die besten Kitesurf-Spots der Welt abklappern und danach Greg Kurstin [Produzent u. a. von Adele, Kelly Clarkson, Kesha, Sia u. v. m., A.G.] dazu bringen, mit mir ein Album aufzunehmen. Du siehst, es fällt mir schwer, die Frage zu beantworten. Zu viel Zeit zu haben, kann meiner Erfahrung nach genauso zermürbend sein wie zu wenig."*

## Katja Grübel

Katja Grübel ist Drehbuchautorin. Ihre letzten Kino-Projekte waren *„Der kleine Rabe Socke 1 und 2"*. Kennengelernt haben wir uns vor mehr als zwanzig Jahren, als sie Dramaturgin am Maxim-Gorki-Theater war und ich dort spielte. Ihr Weg von dort bis hin zu ihrem heutigen Standing als Drehbuchautorin ist ein klassisches Beispiel einer kreativen Karriere. Dafür, dass Wasser sich seinen Weg sucht, oder anders ausgedrückt: dass Qualität gepaart mit Kontinuität sich auch in einer unberechenbaren Branche durchsetzen kann. In der Rückschau erscheint es nur logisch, dass sie heute so erfolgreich ist, weil sie immer hart gearbeitet hat – an sich und ihren Projekten und dabei offen für anstehende Richtungswechsel war. Und dennoch:

**Katja, hätten wir damals ahnen können, dass Du heute Drehbuchautorin sein würdest? Wo ist Dein persönlicher roter Faden?**
*„Ich erinnere mich daran, wie meine Lehrerin uns in der dritten Klasse fragte, was wir später einmal werden wollten. Ich sagte: „Schriftstellerin." „Kannst Du denn gut schreiben?" „Nee. Gar nicht." „Was kannst Du denn besonders gut?" „Putzen." Schließlich schrieb sie dann doch auf ein großes Plakat: Simon kann gut rechnen, er möchte einmal Mathematiklehrer werden, Karin kann gut singen, sie möchte einmal Sängerin werden (…), Katja kann gut schreiben, sie möchte einmal Schriftstellerin werden. Also den Wunsch gab es schon immer. Ich habe mich nur lange nicht getraut, ihn anzugehen. Auch weil ich nicht wusste, was ich eigentlich erzählen will, ob ich was zu erzählen habe. Wenn man älter wird, viel erlebt und seine eigene Sichtweise auf's Leben*

*entwickelt, stellt sich diese Frage zum Glück irgendwann nicht mehr. Dem „selbst Schreiben" hab ich mich über viele Jahre im Schneckentempo angenähert. Literaturstudium, Theaterdramaturgin, dann Agentin und Dramaturgin für Drehbuchautoren, mit denen ich teilweise an ihren Texten gearbeitet habe. Als mich dann eine der Autorinnen fragte, ob ich gemeinsam mit ihr ein Drehbuch schreiben will, hab ich keine Sekunde lang gezögert. Bis ich dann aber mein erstes Drehbuch ganz alleine schrieb, verging wieder einige Zeit."*

**Warst Du Dir Deiner Sache immer sicher? Dass Du Qualität liefern und Erfolg haben würdest?**

*„Ich habe es gehofft. Und für möglich gehalten. Wenn Du nicht so eine innere Stimme hast, dann fängst Du gar nicht an. Ich wusste nicht, wie weit ich kommen würde, aber mit jeder erfolgreichen Arbeit wuchs meine Sicherheit. Am Anfang habe ich in diese Sicherheit noch investiert: Ich schrieb Dialogbücher für Dailies und gab bei den ersten Büchern einen Teil meiner Gage einer erfahreneren Kollegin dafür, dass sie über meine Arbeit schaute. Das habe ich auch noch eine Weile bei anderen Formaten gemacht, wenn ich mir unsicher war oder nicht weiterwusste. Ursprünglich war das nicht als Strategie gedacht, sondern allein für mein persönliches Seelenheil, es hat sich aber bewährt. Neben der Hilfe, die ich mir gesucht habe, hatte ich aber auch das große Glück, dass es von Anfang an immer Menschen gab, die mich unterstützt haben und mir Aufträge gaben. Das war für mich wichtig, da ich immer das Ziel verfolgt habe, von meiner Arbeit leben zu können, was auch Einfluss auf die Wahl meiner Projekte hatte und hat. Anfangs hab ich mich in fast allen Genres ausprobiert. Im Laufe der Zeit merkte ich, dass mir Kinderfilme am meisten liegen. Außerdem geben sie mir das Gefühl, etwas Sinnvolles zu tun. Aber bei aller Erfahrung und allem Erfolg: Ein gewisses Maß an Selbstzweifel ist geblieben. Das ist mitunter anstrengend, bringt mich aber auch weiter – v. a. wenn die Zweifel mal wieder überwunden sind."*

## 4 Der persönliche Modus Vivendi

**Übung zur Selbstreflexion**

Wie hätte ich Sie beschrieben? Was hätte ich hervorgehoben, was erfragt?

_____

_____

_____

_____

_____

_____

_____

_____

_____

_____

_____

Der Modus Vivendi mit einem kreativen Beruf kann aktiv individuell entwickelt werden. Sie selbst entscheiden darüber, welche Kompromisse Sie schließen oder nicht. Es ist wichtig, selbst an der Gestaltung mitzuwirken – auch wenn äußere Einflüsse dominant zu sein scheinen. Das wird v. a. im Nachhinein spürbar. Es hilft zu wissen, warum man die Weichen so und nicht anders gestellt hat. Warum man für einen Weg zu ängstlich war oder in einen anderen viel investiert hat, ohne das erwünschte Ergebnis zu erreichen. Es potenziert auf der einen Seite die Freude über Gelungenes und erspart Ihnen auf der anderen ein spätes Hadern und Bedauern. In diesem Sinn möchte ich Sie auf den folgenden Seiten bitten, sich Zeit für eine Rückschau und eine Vorschau zu nehmen. Und dann Schlüsse daraus zu ziehen.

# Checkliste

1. Es ist ein Sonntag in fünf Jahren von heute aus gerechnet. Es ist bis hierhin gut für Sie gelaufen. Vor Ihnen liegt die beste Woche Ihres Lebens. Womit ist sie gefüllt?

**2. Welche Elemente dieser besten Woche gibt es auch im Hier und Jetzt Ihres Lebens? Wer oder was hat dafür gesorgt, dass es so ist?**

## 4 Der persönliche Modus Vivendi

**3. Welche Elemente dieser besten Woche fehlen im Hier und Jetzt Ihres Lebens? Wer oder was hat das verhindert?**

**4.** Wir gehen noch weiter in die Zukunft: Denken Sie sich zwanzig Jahre älter als jetzt: Was dürfte zu diesem Zeitpunkt auf keinen Fall fehlen? Benennen Sie drei Aspekte. Das Fehlen welches Elementes wäre der „worst case"? Bringen Sie die drei Aspekte in eine Rangordnung.

**5. Ziehen Sie Ihre Schlüsse aus den vorangegangenen Überlegungen: Was bedeutet das für Sie hier und jetzt?**

# 5
# „The Artists' Way of Life"
## Lebensform der Zukunft?

Mein Buch „Warum Künstler die glücklicheren Menschen sein könnten" schloss ich mit einem Ausblick darauf, dass Kreative in der Zukunft möglicherweise einen anderen Platz in der Gesellschaft einnehmen könnten, als sie es bislang tun. Dass man sie und sie sich selbst als Modernisierungsavantgarde verstehen und dass dies für beide Seiten in Bezug auf die Gestaltung der Gesellschaft einen Gewinn bedeuten könnte. Seitdem sind einige Jahre ins Land gegangen und die Mühlen mahlen zwar langsam, aber die Zeichen bestätigen die Richtung: Wir brauchen für die Bewältigung der gesellschaftlichen Veränderungen neue Vorbilder. Wie ist es machbar, Beruf und Familie zu vereinbaren? Wie verhindert man Burn-out? Was unterscheidet motivierte von unmotivierten Arbeitnehmern? Was macht Achtsamkeit und Resilienz aktuell so attraktiv?

Wie kann man mit abnehmender existenzieller Absicherung umgehen? Wie entwickelt man Eigeninitiative? Wie schafft man es, Neues und Fremdes in das eigene Weltbild zu integrieren? Wenn wir Antworten darauf suchen, könnten wir in Künstlerkreisen fündig werden.

Die folgenden Gedanken habe ich erstmalig 2010 in der Zeitschrift „Psychologie in Österreich" veröffentlicht, die sich damals im Schwerpunkt mit dem Thema Kreativität beschäftigte. Aber schon vorher habe ich mich in verschiedenen Vorträgen zu meiner Überzeugung geäußert, dass es sich lohnen würde, Künstler abseits allgemein bekannter Klischees zu betrachten. Sie nicht länger als labile Personengruppe zu sehen, die keinen ernsthaften Beitrag zum Bruttosozialprodukt leistet und sich ausschließlich der eigenen Selbstverwirklichung widmet. Deren Wert für die Gesellschaft fragwürdig ist. Stattdessen sollte man sie einmal so betrachten, wie es seit Beginn dieses Jahrtausends von Teilen der Wirtschafts- und Sozialforschung geschieht: als eine Gesellschaftsgruppe, die seit langer Zeit so lebt, wie es zunehmend von der Allgemeinheit erwartet wird, und daher über einen Erfahrungsvorsprung verfügt.

### The Artists' Way of Life – was bedeutet das?

Bisher sind Künstler eine Berufsgruppe, die häufig durch die Brille alltagspsychologischer Klischees betrachtet wird. Ich beginne Vorträge zum Thema Künstler – auch vor Künstlern – häufig mit der Frage: *„Wer von Ihnen glaubt, dass Künstler überdurchschnittlich häufig an einer psychischen Störung leiden?"* Hätten Sie sich gemeldet? In der

Regel ist die Mehrheit dieser Meinung. Das ist insofern bedauerlich, als die wenigen existierenden wissenschaftlichen Arbeiten zu diesem Thema das Bild des lebensuntüchtigen, psychisch labilen Künstlers nicht ausreichend bestätigen können und sogar eine andere Sicht anregen: Sie bringen einerseits psychische Ressourcen wie z. B. Kreativität, Ambiguitätstoleranz und Primärmotivation mit und erwerben andererseits weitere wertvolle Fähigkeiten für eine gesunde Lebensführung während der Ausübung ihres Berufes. Aus der Forschung erfährt man, dass kreative Menschen z. B. besonderen Wert auf Unabhängigkeit legen und sich lieber eigene Konventionen schaffen, als allgemein gültigen zu folgen. Sie sind offen für neue Erfahrungen, risikobereit, flexibel und ihre Interessen sind weit gespannt (vgl. Funke 2001). Der Kreativitätsforscher Holm-Hadulla zeichnet ebenfalls eher ein positives Bild kreativ Tätiger: *„Bei kreativen Persönlichkeiten findet sich eine besondere Fähigkeit zu „autotelischer Produktivität", d. h. zu konzentrierter Arbeit um der Sache selbst willen und nicht nur wegen potenzieller Belohnungen. Sie sind auch meistens bereit, trotz Niederlagen und Enttäuschungen produktiv zu arbeiten."* (2003, S. 2). Daher plädiere ich zum Umdenken: Kreative weisen psychologische Kompetenzen auf, die für den Umgang mit den aktuellen gesellschaftlichen Veränderungen qualifizieren. Sicher haben Sie dies – ob bewusst oder unterschwellig – schon einmal bemerkt, wenn Freunde oder Familienangehörige aus dem nicht-kreativen Berufsbereich Ihnen Probleme geschildert haben. Vielleicht haben Sie gedacht: *„Da wäre jetzt mehr Flexibilität gefragt – im Denken und im Handeln."* Oder Begeisterung. Vielleicht hat man Ihnen von Entfremdung und Sinnlosigkeit im Beruf erzählt? Und Sie haben erstaunt festgestellt, dass Sie sich auf einmal auf einer ungewohnten Seite befanden – auf der desjenigen, der mitfühlend und bedauernd seufzen konnte in der Gewissheit, selbst nicht mit diesen Problemen konfrontiert zu sein?

**Kreative Berufe verbuchen auf der Haben-Seite viele psychologisch nährende Quellen.**

Diese Quellen werden besonders dann spürbar, wenn man aus Existenzgründen einer anderen Tätigkeit nachgehen muss. Ich erinnere mich an eine Schauspielerin, die sich jahrelang mit dem Gedanken plagte, sie sollte ein zweites Standbein aufbauen, dass ihr diese Möglichkeit aber aufgrund ihrer rein künstlerischen Ausbildung sicher verwehrt sei. Wir beschlossen, dieses Thema bis zum Ende zu verfolgen, damit sie es endgültig ad acta legen könne. Ich äußerte ihr gegenüber die Vermutung, dass sie schneller als es ihr möglicherweise lieb sei Angebote auf dem Arbeitsmarkt erhalten könnte. Wir eruierten den sozialen Bereich als ihr Interessengebiet. Sie absolvierte dort ein dreiwöchiges Praktikum und man bot ihr eine Stelle an – kurz darauf sogar eine Führungsposition. Wie lange sie dort tätig war? Sechs Monate. Warum sie zurück wollte? In diesem Kapitel möchte ich mich einer Antwort darauf nähern. Häufig wundern sich Künstler selbst (ihre Umwelt wundert sich ohnehin), mit welcher Hartnäckigkeit sie trotz aller offensichtlichen Hürden und Belastungen innerhalb ihres beruflichen Alltags an ihrer kreativen Tätigkeit festhalten. Betrachtet man aber einmal genauer, wie sie ihr

Leben gestalten (müssen), versteht man, warum ihr Beruf so attraktiv ist, dass er die täglichen Nöte vergessen lässt.

Biografien sind heute zunehmend geprägt von wiederholten Unterbrechungen der Arbeitsverhältnisse, der Notwendigkeit großer zeitlicher und örtlicher Flexibilität und Existenzangst (vgl. Ulich 2008). Da dies den Lebensalltag von Künstlern ausmacht, ist sicher nicht zufällig ein Interesse daran entstanden, wie freischaffende Künstler ihr Leben bewältigen. Dieses Interesse wird zu Recht auch zwiespältig empfunden, denn wie Henk in Bezug auf Schauspieler schreibt, seien sie Teil einer von Sozialforschern beschriebenen Modernisierungsavantgarde, die zeige, wie die Mehrheit künftig arbeiten werde: *„flexibel und mobil, ohne finanzielle Polster und soziale Absicherung. Und ständig auf der Suche nach dem nächsten Auftraggeber"* (2006, S. 11). Die Bereitschaft von Künstlern zur Selbstausbeutung sollte nicht missbräuchlich als Vorbild dienen. Besser wäre es, sie so zu betrachten, wie es innerhalb verschiedener Untersuchungen des Institutes für Sozialpädagogik der Universität Bremen über Kultur- und Medienberufe geschehen ist. Dort wurden die in diesem Bereich Tätigen als *„Trendsetter neuer Formen von Arbeiten und Leben"* gewertet (vgl. Gottschall 1999; Gottschall et al. 2000, 2005, zitiert nach Dangel et al. 2006, S. 10). Allgemein dominiert noch die gesellschaftliche Wahrnehmung à la *„Künstler sind eine psychisch auffällige Randgruppe der Gesellschaft, die den Großteil des Tages verschläft und wahlweise im Chaos ihrer Liebschaften, Drogenexzesse, Papiere oder anderer Verfehlungen versinkt"*. Diese Darstellung würde ich gerne umzulenken helfen in *„Kreative sind eine Berufsgruppe, von der man lernen* *kann"*. Sicher haben Sie bereits während der Lektüre bis zu dieser Seite Stärken und Fähigkeiten herauslesen können, die ich Ihnen zuschreibe. In diesem Kapitel möchte ich mich dem *„Artists' Way of Life"* noch einmal genauer nähern und einzelne Merkmale der Lebensweise Kreativer konkret benennen, die sich – vor allem gut ausbalanciert kombiniert – positiv auf die Lebenszufriedenheit (auch von Nicht-Künstlern!) auswirken. Manches werden Sie stärker in Ihrem Berufsfeld vertreten sehen, anderes eher in anderen Branchen. Einen Gewinn für Sie in diesem Ansatz sehe ich v. a. dann, wenn Sie sich – kreativ – ihr eigenes Menü daraus kochen. Welche Zutat fehlt Ihnen noch, welche ist im Übermaß vorhanden? Was würde Sie noch reizen? Was ist in Vergessenheit geraten?

## 15 nützliche Tugenden für den Umgang mit einer neuen Zeit

Künstler erzählen mir davon, dass sie gleichermaßen fasziniert und abgestoßen von ihrem Metier mit seinen „besonderen Gesetzen" sind. Einerseits schildern sie eine hierarchische Struktur, die einer Versicherungsgesellschaft alle Ehre machen würde, und lernen schnell, im Umgang mit ihren persönlichen Grenzen nicht zimperlich zu sein. Andererseits betrachten sie ihre Arbeit als ein Geschenk: Täglich hätten sie die Gelegenheit, ihre körperliche, geistige und seelische Fitness zu trainieren und sich über die Effekte auf ihre persönliche Entwicklung zu freuen. Als Helden ihrer Welt schildern sie diejenigen, die zur Premiere gesund sind – also ausreichend geschlafen haben, sich ausgewogen ernähren, nicht rauchen, Alkohol in Maßen und Drogen gar nicht konsumieren und sich körperlich fit halten. Gleichzeitig erleben sie, dass in der Öffentlichkeit zu lesen ist: *„Ein Sprung in der Schüssel schadet nicht auf dem Weg zum Star"* (Bandelow 2007) oder dass Günter Jauch einen Beitrag zur Borderline-Störung mit Namen aus der Künstlerwelt einleitet, ohne dass bekannt wäre, dass bei ihnen eine solche Störung diagnostiziert worden ist. Offenbar gibt es zwei Welten: das Bild, das sich die Allgemeinheit von Kreativberufen macht, und das, was Künstler in der beruflichen Realität erleben und anstreben.

Vielleicht erscheint Ihnen der Begriff „Tugend" für Künstler unpassend. Weil es ein antiquierter Begriff ist und Kreative sich lieber als Avantgarde verstehen? Und weil man ihnen zwar gerne Begabungen, aber in der Regel keine moralische Vorbildfunktion zuschreibt? Doch ich habe den Begriff der Tugend bewusst gewählt, um zum Umdenken anzuregen. Tugenden werden als positive Eigenschaften verstanden. Positiv in wessen Sinn? Wenn wir davon ausgehen, dass die Welt einen umfassenden Wandel vollzieht, ist es wahrscheinlich, dass auch Eigenschaften, die früher für ein erfolgreiches Leben qualifizierten, heute anders betrachtet, gewichtet, interpretiert, kombiniert oder erfunden werden müssen. Fantasie, Kreativität, Flexibilität oder Disziplin – niemand würde behaupten, dass nur Kreative darüber verfügen. Trifft man aber alle unten genannten Eigenschaften bei einem Menschen an – wie es bei vielen Künstlern der Fall ist –, wird daraus eine bemerkenswerte Komposition, bei der das Ganze mehr als die Summe seiner Teile ist. Dieses Mehr könnte die Antwort auf die Frage sein, warum Kreative ein Leben ohne Existenzsicherung, auf einem überfüllten

Arbeitsmarkt, mit ständig erforderlicher Mobilität, unbeständigem sozialen Status, viel Stress und höchsten Leistungsanforderungen für so attraktiv halten, dass sie es mit niemandem tauschen wollen. Denn befragt man sie dazu, äußern sie, dass sie ihren Beruf nicht freiwillig aufgeben würden. Oder würden Sie? Das Geheimnis für diese unverwüstliche Liebe erklärt sich, wenn man sich ansieht, woraus Ihr beruflicher Alltag tatsächlich besteht.

## Fantasie (sich etwas vorstellen können)

Die meisten Kreativen berichten von der Fantasie als etwas, das sie in der Kindheit für sich als Grundnahrungsmittel entdeckt und kultiviert haben, und sagen sich bei diesem Thema wahrscheinlich: *„Schön, dass jemand einmal darauf hinweist, dass atmen gesund ist!"* In der künstlerischen Ausbildung wird durch gezielte Übungen die Vorstellungskraft dann noch erweitert, z. B. durch die pantomimische Darstellung von Gegenständen oder durch das Imaginieren unterschiedlicher Settings oder Perspektivwechsel. Künstler werden dazu angehalten, ihre Umwelt so präzise wie möglich wahrzunehmen, um diese Bilder im notwendigen Moment abrufen und einsetzen zu können. Dies betrifft die Sinneswahrnehmung ebenso wie Emotionen, Persönlichkeitsmerkmale, aber auch die gegenständliche Umwelt. Dadurch entwickeln sie eine Expertise, der sie sich oft selbst nicht bewusst sind. Befinden sie sich aber in einer krisenhaften Lebenssituation, wird deutlich, wie hilfreich diese Kompetenz sich bei der Bewältigung auswirkt: Solange Menschen ein Bild davon in sich tragen, „wie es wäre, wenn…" oder sich Bilder anderer Menschen zu eigen machen können, bringen sie die notwendige Offenheit mit, um Lösungsansätze aufzugreifen. *„Der phantasievolle Umgang mit der Realität ist also kein Luxus, sondern verleiht dem persönlichen Erleben Sinn und Struktur"* (Holm-Hadulla 2003, S. 2).

**Übung zur Selbstreflexion**

Gibt es etwas, dass Sie persönlich dazu ergänzen oder ausdrücken möchten?

_____

_____

_____

_____

_____

_____

_____

## Kreativität (sich etwas ausdenken können)

Der Entstehungsprozess eines Produktes fordert von Künstlern ein hohes Maß an Kreativität. Sie erlernen einen Text, eine Partitur oder eine Choreografie und erfahren vom Auftraggeber, in welcher Form diese Inhalte transportiert werden sollen. Oder sie selbst tragen eine Idee in sich, die sie in Worten oder Bildern ausdrücken möchten. Den Transfer müssen sie allein vollziehen. Die Entwicklung einer kreativen Arbeit hängt entscheidend davon ab, inwieweit Künstler in der Lage sind, die Vorstellungen der Auftraggeber zu begreifen oder aber ihre eigenen vor Augen zu haben, mit dem ihnen zur Verfügung stehenden Material zu verknüpfen und daraus immer wieder Neues zu entwickeln. Dabei müssen sie beständig offen für Kritik und Anregungen von außen (und innen) sein, die sie in ihre Arbeit einfließen lassen. Das Ziel in den Mittelpunkt und die eigenen Eitelkeiten und Befindlichkeiten dahinter zurückzustellen, ganz im Moment und der Aufgabe aufzugehen, gehört zu den wichtigsten Fähigkeiten, die Künstler erwerben wollen. Auf diese Weise trainieren sie die Lust am Neuen, am Ausprobieren und am Kombinieren.

Neue Choreografien für erste Schritte, neue Dialoge für das eigene Leben, eine neue Darstellung der eigenen Person, das sind Wege, die auch aus einem festgefahrenen, als zu eng empfundenen Dasein führen. Viele Kreative lieben, was andere als bedrohlich empfinden: von gewohnten Pfaden abzuweichen, um sich neue, für sich persönlich geeignete Traditionen zu erschaffen. Das ist vorteilhaft in Zeiten, die immer weniger sog. „Normalbiographien" zur Orientierung bereithalten oder wie Holm-Hadulla es formuliert: *„In unserer modernen Welt mit all ihren Herausforderungen ist bewusste Kreativität von hervorragender praktischer Bedeutung"* (2003, S. 1).

> **Übung zur Selbstreflexion**
>
> Gibt es etwas, dass Sie persönlich dazu ergänzen oder ausdrücken möchten?
>
> _____
>
> _____
>
> _____
>
> _____
>
> _____
>
> _____
>
> _____

## Flexibilität

Plötzlich soll alles anders sein? Plötzlich soll ich anders sein? Oder woanders sein? Viele Menschen kennen die Angst vor Veränderungen. Auch Kreative sind davon nicht ausgenommen, sie sind in ihrem Beruf jedoch gezwungen, Flexibilität zu erlernen. Sind sie im festen Engagement, bedeutet dies nicht mehr als einen Zweijahresvertrag; freischaffende Kreative träumen von einer so langfristigen Perspektive. Sie müssen lernen, sich an vielen Orten heimisch zu fühlen und sowohl auf innere als auch auf äußere Impulse schnell reagieren zu können, denn der enge Arbeitsmarkt erlaubt es ihnen nicht, sich beispielsweise auf eine Stadt, einen Arbeitgeber oder eine mittelfristige Lebensplanung festzulegen. Aber auch psychisch müssen sie flexibel sein, bzw. sie dürfen es. Darstellende Künstler z. B. empfinden es als ein Privileg ihres Berufes, viele Leben leben zu können. In jeder Rolle, in jedem Projekt wieder neue Bereiche der eigenen Psyche auszuloten, macht den Reiz ihrer Tätigkeit aus. Eine typische Sorge von Kreativen ist es daher eher, auf einen Charakter, ein Image, einen Stil oder ein Thema festgelegt zu werden. Denn Flexibilität bedeutet auch Freiheit.

## Übung zur Selbstreflexion

Gibt es etwas, dass Sie persönlich dazu ergänzen oder ausdrücken möchten?

_____

_____

_____

_____

_____

_____

_____

## Fitness

Das Bild psychisch labiler Künstler bedient, wie bereits ausgeführt, nur ein bisher unbestätigtes Klischee. Die (auch unter Kreativen) verbreitete Überzeugung, dass künstlerische Arbeit ohne Wahnsinn, ohne Extreme, ohne Grenzgänge nicht möglich sei, führt häufig zu dem Schluss, dass Verhaltensweisen, die bei Nicht-Künstlern als gefährlich, schädigend und beklagenswert bewertet werden, bei Künstlern sozusagen als notwendige Begleiterscheinungen akzeptiert und – v. a. wenn sie öffentlich zugänglich sind – mit größtem Interesse verfolgt werden. Dabei sind Künstler, die aus der psychischen Balance geraten, ebenso wie Angehörige anderer Berufsgruppen, nicht mehr arbeitsfähig. Tatsächlich ist ein anderer Aspekt hervorzuheben: Der Künstlerberuf verlangt einerseits körperliche, geistige und seelische Fitness und fördert sie andererseits noch dazu (vgl. Altenmüller 2009; Csíkszentmihályi 2007; Esch 2009). Man betrachte nur die Aspekte, die aus therapeutischen Kontexten bekannt sind: Entspannungstechniken, die Schulung des Atems, körperliche Ausdauer-, Kraft- und Beweglichkeitsübungen, die Förderung von Empathie und die Reflexion aktueller Befindlichkeiten oder Handlungen. Viele Menschen verbringen heute zudem zunehmend Zeit mit elektronischen Medien. Das bedeutet, sie bewegen sich manchmal den größten Teil des Tages körperlich gar nicht und gedanklich und emotional in einer Welt, die Echtheit suggeriert, aber tatsächlich nicht bietet. Singen hingegen ist echt, Tanzen ist echt, Theaterspielen, Fotografieren, Regieführen und Musizieren ist echt. Es setzt den virtuellen Welten und den Illusionen der Medien reales Empfinden und Erleben entgegen: Reale Gänsehaut, realer Schweiß, Muskelkater und Gedankenaustausch, echte Tränen und Wutausbrüche, reales gemeinsames

Lachen, erotisches Knistern, reale Konzentrationslücken, Ziele, Zeitstrukturierung und geniale Momente. Und das alles mit echten Partnern. Das Leben insbesondere darstellender Künstler enthält damit wesentliche Bestandteile einer gesundheitsfördernden Lebensweise. Aber auch die Arbeit bildender Künstler enthält viel mehr körperliche, lebensnahe Aspekte als man gemeinhin annimmt – sei es über die Beschäftigung mit unendlich vielfältigen Materialien, die Arbeit mit und in der Natur oder handwerkliche Tätigkeiten.

**Übung zur Selbstreflexion**

Gibt es etwas, dass Sie persönlich dazu ergänzen oder ausdrücken möchten?

## Selbsteinschätzung

Ein gewisses Maß an unbegründeter Begeisterung für die eigene Person ist menschlich und hilft. Um aber sinnvolle Entscheidungen über den zukünftigen Lebensweg treffen zu können, ist es unerlässlich, sich in der eigenen Person gut auszukennen. Das erfordert Feedback und Selbstreflexion. Ersteres liegt in der Natur der Sache: Kunst soll wahrgenommen werden und Reaktionen bewirken. Diese Reaktionen spiegeln den Produzenten, wie ihr Tun aufgenommen wurde. Letzteres wird bei darstellenden Künstlern beständig und bei Künstlern anderer Genres je nach Arbeitsweise angeregt: Nach der Theorie der objektiven Selbstaufmerksamkeit von Duval und Wicklund verändern Menschen ihr Verhalten, wenn sie unter Beobachtung stehen. Bereits ein Spiegel im Raum bewirkt, dass sie überprüfen, wie ihr Verhalten auf die Umwelt wirken würde (vgl. Frey et al. 1978). Die meisten Künstler werden intensiv bei ihrer Arbeit beobachtet: einerseits von Regisseuren, Teamkollegen, Dramaturgen, Produzenten, Zuschauern, Dirigenten, Praktikanten, Choreografen, Kostümbildnern und Technikern, andererseits von sich selbst. Sie werden also aufgrund ihres beruflichen Alltags zur Selbstaufmerksamkeit animiert und dadurch zu Experten der Selbsterfahrung. Damit bietet sich ihnen die Chance, die eigenen Schwächen und Stärken sehr gut kennenzulernen. Es soll hier aber nicht unerwähnt bleiben, dass Künstler damit auch den Gefahren eines Zuviel an objektiver Selbstaufmerksamkeit ausgesetzt sind und unbedingt darauf achten sollten, ein gesundes Maß an Selbsterfahrung nicht zu überschreiten, um die positiven Effekte nutzen, sich aber auch vor einer dysfunktionalen Selbstaufmerksamkeit schützen zu können (vgl. Hoyer 2000). Gelingt ihnen diese Balance, bietet ihnen das erworbene Wissen über die eigene Person eine gute Grundlage, um ihr Leben in ihrem Sinne zu gestalten.

> **Übung zur Selbstreflexion**
> Gibt es etwas, dass Sie persönlich dazu ergänzen oder ausdrücken möchten?

## Disziplin

*„Wer nicht hart arbeitet, wird es nie zu etwas bringen."* Hätten Sie dieses Zitat spontan einem Künstler oder einer Künstlerin zugeordnet? Es stammt von der Sängerin, Dichterin und Künstlerin Patti Smith und würde wohl unter Künstlern einhellige Zustimmung finden. Kunst lebt auch von der Virtuosität, mit der sie ausgeübt wird. Dies erfordert ein tägliches Maß an Übung, das dem von Leistungssportlern entspricht (vgl. Richter 2009). Spätestens in der Zeit der Ausbildung müssen Künstler daher lernen, neben den Anforderungen, die ihre Arbeitgeber an sie stellen, selbstdiszipliniert ihr Trainingsprogramm zu absolvieren, um jederzeit ihr Können auf dem ihnen entsprechenden Niveau abrufen zu können. Besonders schwer ist das in den (häufigen) Zeiten ohne Engagement. Nur wer es schafft, auch ohne klare Aussicht auf einen neuen Auftrag weiterzuarbeiten, wird sich gerne zeigen, wenn es kurzfristig zu einer Chance der Selbstpräsentation kommt.

## Übung zur Selbstreflexion

Gibt es etwas, dass Sie persönlich dazu ergänzen oder ausdrücken möchten?

_____

_____

_____

_____

_____

_____

_____

_____

## Materielle Bescheidenheit

Dangel et al. (2006) kommen innerhalb ihrer Studie über selbstständige Künstler zu dem Schluss, dass nur wenige von den Einkünften aus der künstlerischen Tätigkeit den persönlichen Lebensunterhalt bestreiten oder gar eine Familie versorgen können. Nach den Zahlen der Künstlersozialkasse zum 01.01.2015 betrug das durchschnittliche Jahreseinkommen der dort versicherten Künstler 15 425 Euro. Künstler suchen es sich nicht aus, am Existenzminimum zu leben. Es ist vielmehr eine Not, die aber zur Tugend wird, wenn z. B. anstelle der Befriedigung materieller Wünsche die Familie, das soziale Umfeld, Flow-Erlebnisse innerhalb der künstlerischen Tätigkeit oder lebenslanges Lernen den Mittelpunkt einer kreativen Lebensgestaltung bilden. Künstler, die großen finanziellen Erfolg haben, kennen die Irritation darüber, dass das nicht zwingend eine Steigerung der Lebensqualität bedeutet.

## Übung zur Selbstreflexion

Gibt es etwas, dass Sie persönlich dazu ergänzen oder ausdrücken möchten?

_____

_____

_____

_____

_____

_____

_____

_____

## Ideeller Größenwahn

Maßlosigkeit tut gut. Und Träumen ist erlaubt. Hehre Werte, große Ideen und hohe Ziele – wenn sie sich auf die Kunst beziehen – haben noch keinen größeren Schaden angerichtet, als dass die Betreffenden hier und da ein paar Illusionen kürzen mussten. Um dann aufzubrechen zu neuen maßlosen Vorstellungen von einer besseren Welt, einem schöneren Ton, einer perfekteren Drehung oder dem Evergreen. Oder wie Christoph Schlingensief es in seiner unnachahmlichen Art formuliert hat: *„Wer Kunst macht, wird so leicht kein Terrorist"* (2003).

**Übung zur Selbstreflexion**

Gibt es etwas, dass Sie persönlich dazu ergänzen oder ausdrücken möchten?

_____

_____

_____

_____

_____

_____

_____

_____

## Blick nach innen: der persönliche rote Faden

Offenbar scheint die Frage nach dem Einstieg in ihr Künstlerdasein für Kreative so aufschlussreich zu sein wie es die Frage: *„Wie sind Sie ein Mensch geworden?"* wäre, denn bei der großen Mehrheit der Befragten geht die Erinnerung an die besondere Liebe zur kreativen Gestaltung, zum Ausdruckswillen ebenso weit zurück wie die Erinnerung überhaupt. Mit dieser Liebe halten Künstler ein unbezahlbares Pfand in ihren Händen. Sie begleitet sie durch alle Lebensbereiche und -phasen, bleibt ein Leben lang erhalten und dient ihnen auf diese Weise als persönlicher Leitfaden, als Seismograf für Stimmungen, Krisen oder positive Entwicklungen.

## Übung zur Selbstreflexion

Gibt es etwas, dass Sie persönlich dazu ergänzen oder ausdrücken möchten?

_____

_____

_____

_____

_____

_____

_____

## Blick nach außen: kein Erfolg ohne Teamwork

Kreative sind häufig Teil eines Teams. Die Abhängigkeit vom Partner oder der Partnerin ist offensichtlich und so müssen auch die größten Individualisten lernen, sich auf ihre Kollegen einzustellen – ganz in ihrem eigenen Interesse. Beliebt sind Chorsänger, die wissen, für welche Stimme sie eingeteilt wurden und sie auch beherrschen. Oder auch Schauspieler, die sich nur dann die Antworten auf ihre Fragen selbst geben, wenn es ein Monolog so verlangt. Es ist auch angenehm, wenn Tanzpartner und Artisten wissen, dass sie wirklich aufgefangen werden, wenn sie sich in die Arme des Partners oder von der Empore fallen lassen. Künstler beschreiben die persönliche Nähe innerhalb der Ensembles als besonders erfüllenden Aspekt ihres Berufes. Bildende Künstler, die eher allein arbeiten, vermissen diesen Aspekt manchmal und schaffen sich dann selbst Gemeinschaften durch Kollektive, Ateliergemeinschaften oder Partnerschaften mit anderen Künstlern.

## Übung zur Selbstreflexion

Gibt es etwas, dass Sie persönlich dazu ergänzen oder ausdrücken möchten?

_____

_____

_____

_____

_____

_____

_____

## Frustrationstoleranz

Frustration ist ein zentraler Bestandteil kreativer Arbeit. In kaum einem anderen Bereich sind Erfolg und Misserfolg so wenig vorherseh-, plan- oder nachvollziehbar. Das ist in der Tat eine der größten Belastungen für Kreative. Sie müssen immer wieder neu erfahren, dass hinter nachhaltigen, großen Erfolgen in den meisten Fällen eine lange Zeit der Mühe steht. Dass es die Auswahl, die Perfektion, die Idee dahinter, die vielen Stunden der Suche, der Beschäftigung mit dem Thema, der Übung, des Ausprobierens, des Versagens und Neuprobierens sind, die dorthin führen, wohin man gelangen will. Sie wissen aber auch, dass zu guter Letzt niemand sagen kann, ob diese Mühe sich auch lohnen wird. Das heißt, dass Kreative per se primär motiviert sind und über ein besonders hohes Maß an Frustrationstoleranz verfügen. Sie haben sich daran gewöhnt zu scheitern und folgen dem Wort Samuel Becketts: *„Alles seit je. Nie was Andres. Immer versucht. Immer gescheitert. Einerlei. Wieder versuchen. Wieder scheitern. Besser scheitern"* (1989).

## 5 „The Artists' Way of Life"

**Übung zur Selbstreflexion**

Gibt es etwas, dass Sie persönlich dazu ergänzen oder ausdrücken möchten?

_____

_____

_____

_____

_____

_____

_____

_____

## Humor

*„Die Fähigkeit, Realität mit spielerischer Distanz zu sehen – wie sie sich auch im Humor zeigt –, ist für gelungene Lebensführung unerlässlich"* (Holm-Hadulla 2003, S. 11). Spielerische Distanz und Humor sind feste Bestandteile kreativer Arbeit. Dass Künstler Meister dieses Faches sind, erlebe ich beinahe in jedem Gespräch. Häufig werden problematische Inhalte erst bei einer nachträglichen Analyse sichtbar, weil sie während des Gespräches so humorvoll aufbereitet werden, dass es kaum vorstellbar erscheint, dass die Betreffenden ernstlich davon belastet sind. So wie bei Nathalie, einer Schauspielerin, die ich vor einigen Jahren interviewte:

> *„Da haben wir uns alle noch auf der Schauspielschule geschworen, dass wir nie Soap* [tägliche Seifenopern, A.G.] *machen. Wir werden das nie machen! Und dann weiß ich noch genau, wie wir alle in der Garderobe saßen – also Dana, Bea und ich – und dann sagte Bea: „Die haben mir diese Soap angeboten. Soll ich das machen? Ich weiß nicht." Wir so alle: „Mach das! Komm, ein Jahr lang richtig Schotter, jeden Tag drehst du und wer weiß, was dann dabei rauskommt!" Und dann hat sie gesagt: „Hat doch nicht geklappt." Und wir: „Sei froh! Das wäre ja furchtbar gewesen! Du weißt ja gar nicht, was das für ein Format ist!" Und dann kam sie am nächsten Tag wieder: „Die haben sich geirrt, ich bin doch dabei!" Und wir: „Super! Richtig gut!" Weißt du? So wird man."*

So kann Humor eine wunderbare Unterstützung bei der Bewältigung problematischer Themen wie Existenzangst, Ohnmacht oder Selbstzweifel sein.

**Übung zur Selbstreflexion**

Gibt es etwas, dass Sie persönlich dazu ergänzen oder ausdrücken möchten?

_____

_____

_____

_____

_____

_____

_____

_____

## Lebenslanges Lernen

*„In der Kunst existieren unzählige Beispiele für kreatives Altern"* (Holm-Hadulla 2003, S. 9). Schauspieler, Sänger und Musiker können ihren Beruf bis ins hohe Alter ausüben und wollen das in der Regel auch. Für Tänzer gilt dies in eingeschränkter Form, wobei es auch hier nachahmenswerte Vorbilder wie Pina Bausch, Birgit Cullmeyer oder Anna Halprin gibt. Hierfür ist die Bereitschaft Voraussetzung, immer wieder Neues zu erlernen, die Veränderungen, die sich mit dem Alter ergeben, aufzugreifen und in die Tätigkeit zu integrieren – ein lebenslanger Lernprozess, dem zunehmend Bedeutung beigemessen wird (vgl. Spitzer 2002).

## 5 „The Artists' Way of Life"

**Übung zur Selbstreflexion**

Gibt es etwas, dass Sie persönlich dazu ergänzen oder ausdrücken möchten?

_____

_____

_____

_____

_____

_____

## Ambiguitätstoleranz

Unter Ambiguitätstoleranz wird die Fähigkeit verstanden, in einer unübersichtlichen und problematischen Situation gut existieren zu können und gleichzeitig unermüdlich an deren Bewältigung zu arbeiten (vgl. Reis 1997). Kürzer ausgedrückt: Es ist das Gegenteil von Schwarz-Weiß-Denken. Prägnanter kann man kaum beschreiben, was man braucht, um in der modernen Gesellschaft zurechtzukommen. Wie bereits beschrieben, verfügen kreative Menschen in besonders hohem Maße über diese Fähigkeit.

## 5 „The Artists' Way of Life"

**Übung zur Selbstreflexion**

Gibt es etwas, dass Sie persönlich dazu ergänzen oder ausdrücken möchten?

_____

_____

_____

_____

_____

_____

_____

## Eigeninitiative

Den Weg der Künstler gibt es nicht. Vorgezeichnete Pfade, wie es sie in anderen Berufen gibt, existieren nicht. Der Gestaltungsfreiraum ist enorm, er muss allerdings – und das immer wieder aus eigenem Antrieb heraus – gefüllt werden mit neuen Ideen, Projekten und Anläufen. Die Chancen, dass ein Mensch sich selbst immer wieder motivieren kann, stehen aber ausgesprochen gut, wenn er die genannten Tugenden in sich wachhält. Wenn er die Fantasie besitzt, sich vorzustellen, wo er in einigen Jahren gerne sein würde, und die Kreativität, sich verschiedene Wege dorthin auszudenken. Wenn er über die Disziplin und Frustrationstoleranz verfügt, notwendige Schritte zu tun und Misserfolge auszuhalten. Wenn er sich selbst realistisch einschätzen kann und bereit ist, immer wieder Neues zu lernen. Wenn er flexibel seine Vorstellungen mit dem Angebot in Einklang bringt und sich darum bemüht, ausgeglichen, körperlich fit und geistig wach zu sein. Und schließlich, wenn er in der Lage ist, sich mit anderen auszutauschen und für sich ein Wertesystem entwickelt hat, an dem er sich orientieren kann.

Selbstverständlich zeichnen die oben aufgeführten Tugenden das Bild des idealen Künstlers bzw. Menschen. Das dient zum einen als Gegengewicht zu dem Bild, das die Öffentlichkeit (aber auch Kreative selbst) sich häufig von dieser Berufsgruppe macht. Zum anderen ist es ein Leitfaden, auf den ich in meiner Beratungstätigkeit zurückgreife. Einige der genannten Tugenden brauchen Künstler und Kreative als Grundnahrungsmittel. Dazu gehören Fantasie und Kreativität. Finden beide Aspekte aktuell keinen oder zu wenig Platz im Alltag, kann man zusehen, wie die Betreffenden von Tag zu Tag unglücklicher werden. Das wiederum zieht dann nach sich, dass auch andere Bereiche leiden: die Erledigung wichtiger Alltagspflichten, das Setzen von Zielen, der Glaube an die eigene Qualität. Allein wenn man die Fantasie und die Kreativität wieder aufleben lässt – unabhängig von einem gewinnbringenden Projekt – leben auch die Menschen wieder auf. Bei darstellenden Künstlern ist das besonders auffällig, weil sie in dem Moment, in dem sie gerade nicht arbeiten, das Gefühl haben, keine Künstler mehr zu sein. Wir sprechen von einer Entwicklung, die sich innerhalb eines Tages vollziehen kann. Was sie geleistet haben, das in der Vergangenheit liegt (ggf. vor 10 Minuten), kann nicht mehr dafür herhalten, das Leben zu versüßen. Genauso schnell ist es aber wieder aktivierbar. Schon ein Anruf mit der Aussicht auf ein neues Projekt mobilisiert ungeahnte Kräfte. Außenstehenden vermittelt das manchmal den Eindruck, sie hätten es mit Menschen zu tun, die unter einer bipolaren Störung leiden. Angehörige und Freunde sind in ihrer Toleranz sehr gefordert. Für mich als Beraterin ist es ein berechenbarer Mechanismus, der sich gut nutzen lässt. Das gilt auch für Sie: Je schneller Sie ihn verstehen, desto eher werden Sie wissen, welche Phasen Sie am besten für welche Aufgaben nutzen, und so füllen Sie auch vermeintlich leere Phasen sinnvoll.

Ich betrachte Sie als die eigentlichen Fachleute für sich selbst. Als Kreative lieben Sie es, selbst bestimmen und frei gestalten zu können. Daher werde ich Ihnen keine konkreten Maßnahmen „verordnen", sondern Sie nur so weit anregen, bis Ihr eigener, kreativer Motor angesprungen ist.

**Im Folgenden möchte ich Ihnen erläutern, wie Sie dazu die 15 Tugenden des „Artists' Way of Life" als Leitfaden nutzen können.**

Beantworten Sie die unten stehenden Fragen. Tun Sie es dann, wenn Sie gerade Lust dazu haben. Nicht weil Sie meinen, es *„wäre nun langsam an der Zeit, wieder etwas in Angriff zu nehmen"*. Arbeiten Sie nach dem Lustprinzip – es ist das zuverlässigste, was Motivation und Durchhaltevermögen anbelangt.

Schreiben Sie Stichpunkte, Gedanken und Ideen in dieses Buch hinein. Möchten Sie mehr schreiben? Dann nehmen Sie weiteres Papier zur Hand und kleben Sie es am Ende hier hinein. Es wäre fantastisch, wenn ich einmal jemanden in der U-Bahn, einem Wartesaal oder einem Café sehen würde, der mein Buch in der Hand hält – ausgebeult und chaotisch, mit vielen geklebten Zetteln und Papieren daran und darin.

Sollten Sie in eine kleinere oder größere Krise geraten, greifen Sie auf Ihre Notizen zurück. Schauspieler kennen die Entspannungsübung „Reise durch den Körper". Etwas Ähnliches passiert, wenn Sie die Tugenden nacheinander auf Ihren aktuellen Beitrag in Ihrem Leben durchgehen: Sie klopfen sich rundherum ab und finden sicher Ansatzpunkte, um sich aus einer Beklemmung, Verkrampfung, einem Festgefahrensein oder Sinnlosigkeitsgefühlen, die den Selbstwert angreifen und kreative Arbeit behindern, zu befreien.

**Übung zur Selbstreflexion**

1. Welche der genannten 15 Tugenden sind in meiner Persönlichkeit stark ausgeprägt, welche weniger stark?

**Übung zur Selbstreflexion**

2. Deckt sich meine Einschätzung mit dem, was meine Freunde und Familienangehörigen dazu sagen würden?

_____

_____

_____

_____

_____

_____

_____

_____

_____

_____

## Übung zur Selbstreflexion

3. Welche dieser Tugenden sind bei mir stark ausgeprägt, kommen aktuell aber zu kurz?

_____

_____

_____

_____

_____

_____

_____

_____

_____

_____

## Übung zur Selbstreflexion

4. Wodurch könnte ich sie ankurbeln? Was würde mir dabei helfen?

_____

_____

_____

_____

_____

_____

_____

_____

_____

_____

## Übung zur Selbstreflexion

5. Welche sind weniger stark ausgeprägt und verlangen danach, dass ich ihnen mehr Energie widme?

_____

_____

_____

_____

_____

_____

_____

_____

_____

_____

## Übung zur Selbstreflexion

6. Wodurch könnte ich erreichen, dass ich das tue? Was würde mich dabei unterstützen?

_____

_____

_____

_____

_____

_____

_____

_____

_____

_____

# 6
# Schlussbemerkung

Worum geht es im Leben? Seinen Beitrag zu leisten. Das zu tun, wofür man meint, besonders gut geeignet zu sein. Einen Beitrag, der die Welt in den eigenen Augen ein Stück besser macht.

Vielleicht denkt der Intendant, der die Künstlerin durch einen langwierigen Prozess zwingt und sie fünfstellige Summen Konventionalstrafe an seine (subventionierte) Einrichtung zahlen lässt, um ihren Karrieresprung zu sabotieren, dass das sein Bestes war, das er zu geben hatte. Vielleicht denkt die Mutter, die am Tisch mit ihren fünf Kindern sitzt, von denen zwei Tänzer geworden sind, das auch. Wenn sie ihnen, die die größten Kompanien weltweit mit ihrem Tanz beglückt haben, bei der großen Familienfeier vor allen seufzend mitteilt: *„Nur aus Euch beiden ist nichts geworden."* Vielleicht denkt das auch die

Agentin, die mir nach einem mehrstündigen Gespräch darüber, wie wir zusammenarbeiten könnten, um ihre Künstler zu unterstützen, zuraunt: *„Aber sind wir doch mal ehrlich: Die ticken doch alle nicht rund."* Vielleicht meint auch der Schauspiellehrer, dass es sein größter Coup ist, wenn er die „Herr-und-Diener-Übung" so weit treibt, dass die Schüler in dem Gefühl nach Hause gehen, gedemütigt worden zu sein. Vielleicht sind sie auch einfach Ignoranten und es ist ihnen nicht gegeben, etwas daran zu ändern.

**Worum geht es im Leben? Den persönlichen roten Faden zu entdecken und ihm zu folgen.**

Konzentriert Euch auf Euren Beitrag. Verpflichtet Euch Eurem Talent und macht Euch das Business untertan. Setzt es strategisch für Eure Zwecke ein oder trennt Euch (vom Business, nicht von der Kunst!). Tragt Euer Talent, Eure Disziplin, Eure Leistungsfähigkeit, Eure Antennen, Eure emotionale Schwingungsfähigkeit, Eure Leidensfähigkeit, Euren Ideenreichtum, Eure Strahlkraft mit Stolz durchs Leben. Es ist ein wichtiger Beitrag, den Ihr leistet: friedlich, idealistisch, nachhaltig, wach, engagiert, neugierig, offen. Lasst Euch nicht beirren – wie wichtig Ihr seid, würde schnell deutlich werden, wenn Ihr drei Tage gemeinsam in den Streik treten würdet – alle Schriftsteller, Schauspieler, Sänger, Tänzer, Grafiker, Comedians, Kabarettisten, Fotografen, Poeten, Drehbuchautoren, Komponisten, Arrangeure, Fotografen, Maler, Musiker, Karikaturisten, Komödianten, Regisseure, Designer, Köche etc.

## 6 Schlussbemerkung

**Worum es geht im Leben? Vor allem mal darum: zu leben.**

Oder wie Roger Willemsen gesagt haben soll: „*Das Leben kann man nicht verlängern, aber wir können es verdichten.*"

# Literatur

Abilgard, P. (2009). Gesundheit. Wie man sie erhält und erlangt. *Das Orchester*, 2/2009, 10–11.

Albani, C., Blaser, G., Geyer, M., Berth, H., Brähler, E., Schmutzer, G., Grulke, N., Bailer, H. (2008). Psychische Gesundheit und Angst vor Arbeitsplatzverlust. In Berufsverband Deutscher Psychologinnen und Psychologen (Hrsg.), *Psychische Gesundheit am Arbeitsplatz in Deutschland* (S. 16–21). http://www.bdp-verband.org/aktuell/2008/bericht/BDP-Gesundheitsbericht-2008.pdf. Zugegriffen: 26.05.2016.

Altenmüller, E. (2009). Der Gänsehaut-Effekt. Glück durch Musizieren. *Das Orchester*, 2/2009, 16–17.

Bandelow, B. (2007). *Celebrities – vom schwierigen Glück, berühmt zu sein.* Buchrückseite. Reinbek: Rowohlt.

Beckett, S. (1989) *Worstward Ho. Aufs Schlimmste zu.* Frankfurt am Main: Suhrkamp.

Csíkszentmihályi, M. (2007). *Flow. Das Geheimnis des Glücks.* Stuttgart: Klett-Cotta.
Currey, M., Kramer, A.-C. (2014). *Musenküsse. „Für mein kreatives Pensum gehe ich unter die Dusche".* Zürich: Kein & Aber.
Dangel, C., Piorkowsky, Michael-Burkhard; Mitarbeit: Stamm, T. (2006). *Selbstständige Künstlerinnen und Künstler in Deutschland – zwischen brotloser Kunst und freiem Unternehmertum?* Berlin: Deutscher Kulturrat.
Esch, T. (2009). Gesund trotz (und mit!) Musik. Über die Bedeutung von Musik für Motivation, Belohnung und Stressreduktion. *Das Orchester*, 2/2009, 18–19.
Fendel, M. (2009). Wer hält Musiker gesund? Podiumsdiskussion beim 9. Symposium der DGfMM in Köln. *Das Orchester*, 2/2009, 20–21.
Frey, D., Wicklund, R.A., Scheier, M.F. (1978). Die Theorie der objektiven Selbstaufmerksamkeit. In D. Frey (Hrsg.), *Kognitive Theorien der Sozialpsychologie* (S. 192–218). Bern, Stuttgart, Wien: Hans Huber.
Funke, J. (2001). Psychologie der Kreativität. In R.M. Holm-Hadulla (2001). *Kreativität.* (S. 283–300). Berlin Heidelberg New York Tokio: Springer.
Gause, A. (2011).*Warum Künstler die glücklicheren Menschen sein könnten. Der Künstlerberuf aus psychologischer Perspektive.* Norderstedt: BoD.
Grube, M. (2002). Ambiguitätstoleranz und kreative Therapieverfahren bei psychiatrischen Erkrankungen. *Psychiatrische Praxis*, 29, 431–437.
Henk, M. (2006). Die 1-Euro-Stars. *Der Spiegel* (Kulturbeilage), 8/2006, 9–13.
Holm-Hadulla, R. (2003). *Kreativität – Ein Lebensthema.* Vortrag am 26. April 2003 im Rahmen der 53. Lindauer Psychotherapiewochen. http://www.lptw.de/archiv/vortrag/2003/hadulla.pdf. Zugegriffen: 26.05.2016.

Hoyer, J. (2000). *Dysfunktionale Selbstaufmerksamkeit. Klinisch-psychologische und gesundheitspsychologische Untersuchungen.* Heidelberg: Asanger.

Jauch, G. (2008). Anmoderation zu einem Beitrag über Borderline-Störungen im Rahmen der Sendung *SternTV* vom 26.11.2008.

Künstlersozialkasse (2016). *Durchschnittseinkommen der aktiv Versicherten auf Bundesebene.* http://www.kuenstlersozialkasse.de/wDeutsch/ksk_in_zahlen/statistik/durchschnittseinkommenversicherte.php?printversion=1. Zugegriffen: 26.05.2016.

Manske, A. (2015). *Kapitalistische Geister in der Kultur- und Kreativwirtschaft.* Bielefeld: Transkript.

Marks, S. (2016). Handout des Seminars „*Menschenwürde und Scham – Die Bedeutung von Würde, Scham und Scham-Abwehr für die psychosoziale Beratung*". (Freiburg, 11.–13.04.2016).

Marks, S. (2014). *Scham – die tabuisierte Emotion.* (5. Aufl.). Düsseldorf: Patmos.

Möller, H. (2009). Die Kunst zur Gesundheit – Salutogenese und Widerstandsfähigkeit: Schlüssel für die Musikermedizin. *Das Orchester*, 2/2009, 12–13.

Oetting, M. (2008). Stress und Stressbewältigung am Arbeitsplatz. In Berufsverband Deutscher Psychologinnen und Psychologen (Hrsg.), *Psychische Gesundheit am Arbeitsplatz in Deutschland* (S. 55–60). http://www.bdp-verband.org/aktuell/2008/bericht/BDP-Gesundheitsbericht-2008.pdf. Zugegriffen: 26.05.2016.

Pegelhoff, R. (2009). Mobbing. (K)ein Thema für Orchester? *Das Orchester*, 2/2009, 28–31.

Reis, J. (1997). *Ambiguitätstoleranz. Beiträge zur Entwicklung eines Persönlichkeitskonstruktes.* Heidelberg: Roland Asanger.

Richter, B. (2009). Wie bleiben Sänger gesund? Besonderheiten in der Prävention von Stimmerkrankungen. *Das Orchester*, 2/2009, 24–25.

Scharnhorst, J. (2008). Resilienz – neue Arbeitsbedingungen erfordern neue Fähigkeiten. In Berufsverband Deutscher Psychologinnen und Psychologen (Hrsg.), *Psychische Gesundheit am Arbeitsplatz in Deutschland* (S. 51–55). http://www.bdp-verband.org/aktuell/2008/bericht/BDP-Gesundheitsbericht-2008.pdf. Zugegriffen: 26.05.2016.

Schell, M. (28.01.2010). *Titel, Thesen, Temperamente*. München: ARD.

Schlingensief, C. (2003). *„Wer Kunst macht, wird so leicht kein Terrorist"*. http://www.tagesspiegel.de/kultur/wer-kunst-macht-wird-so-leicht-kein-terrorist/383230.html. Zugegriffen: 15.06.2016.

Smith, P. (2010). *„Es hat einfach nur wehgetan"*. Süddeutsche Zeitung vom 18.03.2010. http://www.sueddeutsche.de/kultur/im-gespraech-patti-smith-es-hat-einfach-nur-wehgetan-1.19788. Zugegriffen: 26.05.2016.

Spahn, C. (2009). „Das klinget so herrlich…". Gesundheitsförderliche Strategien von Musikern. *Das Orchester*, 2/2009, 14–15.

Spiess, K. (2016). Die widerständige Kunst. https://www.goethe.de/de/kul/tut/gen/tup/20718386.html. Zugegriffen: 26.05.2016.

Spitzer, M. (2002). *Lernen. Gehirnforschung und die Schule des Lebens*. Heidelberg, Berlin: Spektrum.

Steiner, L., Schneider, L. (2012).The Happy Artist. An empirical application of the work-preference model. SOEP – The German Socio-Economic Panel Study at DIW Berlin. http://www.diw.de/soeppapers. Zugegriffen: 25.05.2016.

Streisand, B. (2012). *Die Unbeugsame*. Süddeutsche Zeitung vom 24.4.2012.

Tabori, G. (1994). Nur im Gefühl liegt die Wahrheit. *Psychologie Heute*, 2/94, 40–42.
Thalbach, K. (21.07.2010). *Deutschland, Deine Künstler*. München: ARD.
Ulich, E. (2008). Psychische Gesundheit am Arbeitsplatz. In Berufsverband Deutscher Psychologinnen und Psychologen (Hrsg.), *Psychische Gesundheit am Arbeitsplatz in Deutschland* (S. 8–16). http://www.bdp-verband.org/aktuell/2008/bericht/BDP-Gesundheitsbericht-2008.pdf. Zugegriffen: 26.05.2016.

# Stichwortverzeichnis

**A**

Abhängigkeit von der Meinung und Entscheidungsmacht anderer, 99
Achillesferse, 24
Alltag, beruflicher, 132
Altern, kreatives, 156
Ambiguitätstoleranz, 158
Anbieten?, 49
Anerkennung, 104
Anspruch, höchster, 113
Arbeiter, 73
Arbeitgeber, 44
Arbeitsatmosphäre, perfekte, 108
Arzt Ihres Vertrauens, 95
Attraktive Projektionsfläche, 80
Aua-Komplex, 15
Auf und Ab, 89
Ausfall, 92
Ausprobieren, 134

**B**

Belastungssituationen, 60
Beratungstätigkeit, 4
Beruflicher Alltag, 132
Beruflich kreative Person, 42
Bescheidenheit, materielle, 144
Besser scheitern, 152

Bestandteile einer gesundheitsfördernden Lebensweise, 139
Bewerbungssituation, 52
Blick nach innen, 148

## D
Distanz, spielerische, 154
Disziplin, 142
Dritte Person, 41
Durchlässigkeit, 24

## E
Eigene Grenzen, 91
Eigeninitiative, 160
Eigenschaften, positive, 131
Einsamkeit, 98
Elevator Pitch, 54
Emotionale Erschöpfung, 28
Emotionalität, 39
Ensemble-Arbeit, 111
Erfolgsgefälle unter Freund(innen), 102
Erschöpfung, emotionale, 28
Existenzsicherung, 97
Experte für sich selbst, 14

## F
Fantasie, 132
Fazit, 40
Feedback, 140

Feedback, negatives, 9
Fitness, körperliche, geistige und seelische, 138
Flexibilität, 136
Frustrationstoleranz, 152

## G
Gagen, 77
Genie, 73
Gesellschaftlicher Status, 97
Gestaltung Ihres Produktes, 49
Gestaltungsfreiraum, 160
Gestaltungsprozess, 87
Grenzüberschreitungen, 90
Größenwahn, ideeller, 146
Gut vorbereitet zum Termin, 65

## H
Hingabe, 113
Höchstform, 15
Humor, 154

## I
Ideeller Größenwahn, 146
Im Herzen berühren, 107
Innerer roter Faden, 19
Innerer Schweinehund, 74
Integrität, 104

Intimitäten, 91
Investition von Zeit und Mühe, 71

## J
Jurymitglieder, 44

## K
Karriere selbst gestalten, 20
Kombinieren, 134
Kompass, 3
Kompetenz, 32, 44
Kompetenzen, psychologische, 127
Konditionen, 77
Krankheit, 92
Kreative Menschen, 7
Kreative Persönlichkeit, 4
Kreativer Motor, 161
Kreatives Altern, 156
Kreativität, 6, 16, 134
Kreierens, Moment des, 27
Künstler als Fachleute modernen Lebens, 85
Künstler, die Eltern werden, 37

## L
Labilität, 39
Leben mit einem kreativen Beruf, 77
Leben, wahres, 36
Lebensform der Zukunft, 125
Lebenslanges Lernen, 156
Lebensplan, 69
Lebenswege, 7
Lebensweise, Bestandteile einer gesundheitsfördernden, 139
Leistungskurve, 31
Leitfaden, 162
Lernen, lebenslanges, 156
Liebe und Beziehung, 82
Lust am Neuen, Ausprobieren, Kombinieren, 134
Lustvoll, 56

## M
Markt, 80
Markt, enger, 101
Materielle Bescheidenheit, 144
Meinen Traum leben, 107
Menschen, kreative, 7
Mentor, 62
Modernisierungsavantgarde, 129
Modus Vivendi, 69
Moment des Kreierens, 27
Muse, 73

## N

Nebenjobs, notwendige, 111
Negatives Feedback, 9
Neues, 134
Notizen, 162
Notwendigkeit der Existenzsicherung, 97
Notwendigkeit eines gesellschaftlichen Status, 97
Nützliche Ressource, 39
Nützliche Tugenden, 130

## O

Oase vertrauensvoller Unterstützung schaffen, 100
Optionen, 7

## P

Passung, 58
Person, beruflich kreative, 42
Person, dritte, 41
Persönlichen Kontakt statt E-Kommunikation, 111
Persönlichkeit, kreative, 4
Politik der kleinen, kontinuierlichen Schritte, 74
Positive Eigenschaften, 131
Post-Premieren-Tief, 87
Potenzial, 5
Präsentation, 55

Privatperson, 42
Psychische Schutzschilder, 26
Psychischer Reflex, 23
Psychologische Kompetenzen, 127

## R

Recherche (von Arbeitgebern, Aufträgen, Agenturen etc.), 74
Reflex, psychischer, 23
Ressource, nützliche, 39
Rote Faden, persönlicher, 148
Roter Faden, innerer, 19
Rückschluss auf ihre Persönlichkeit, 72

## S

Scham, 102
Scheitern, besser, 152
Schutz, 32, 104
Schutzschilder, psychische, 26
Schwächen, 21
Schwarz-Weiß-Denken, Gegenteil von, 158
Sehnsucht nach Aufmerksamkeit, 99
Selbsteinschätzung, 140
Selbstmarketing, 48
Selbstreflexion, 140
Sensibilität, 39
Sexuelle Belästigung, 90

Spannungsfeld zwischen Berufung und Berufsrealität, 81
Spiel, 1
Spiel ohne Linien, 15
Spielerische Distanz, 154
Sprachrohr, 44
Stratege, 73
Strategisch, 56

T

Teamwork, 150
Thema Gesundheit, 94
Tiefe und Schönheit des Lebens zeigen, 107
Trainer, 73
Traum leben, 107
Traum realisieren, 10
Trio aus Privatperson, Kreativperson und dritter Person, 62
Tugenden, nützliche, 130

U

Umgang mit Verletzlichkeit, 28
Umgangsformen, 77
Unterstützung, vertrauensvolle, 100

V

Veränderte Geschlechterrollen, 85
Verletzlichkeit, Umgang mit, 28
Voller Hingabe mit höchstem Anspruch, 113

W

Wahres Leben, 36
Welt hat sich geändert, 19
Werbestrategie, 61
Wunde Seiten, 22
Würde, 102

Z

Zielorientiert, 56
Zugehörigkeit, 104
Zweites Standbein, 95

## GPSR Compliance

*The European Union's (EU) General Product Safety Regulation (GPSR) is a set of rules that requires consumer products to be safe and our obligations to ensure this.*

*If you have any concerns about our products, you can contact us on ProductSafety@springernature.com*

In case Publisher is established outside the EU, the EU authorized representative is:

Springer Nature Customer Service Center GmbH
Europaplatz 3
69115 Heidelberg, Germany

## Batch number: 09576247

Printed by Printforce, the Netherlands